KB077960

**지부장의 수첩**

최수근

소설

을유문화

# 지부장의 수첩

■  최수근의 일기를 읽는 동안 옅은 먼지 냄새가 나는
지하의 지부 사무실에서 귤을 까먹으며 그와 대화를
나누는 기분이 들었다. 그런 일이 있었나요. 그때
그렇게 생각하셨군요. 미처 몰랐습니다. 나도 모르게
이런 말을 되뇌었다. 이 책은 한 대학 한국어학당 노동조합
지부장이 교육 현장을 바꾸기 위해 활동한 기록이다.
평생 해 보지 않았던, 할 것이라 상상한 적도 없고 자신도
없는 일을 더듬더듬 해 나가는 이야기. 그가 애써 단호한
척할 때, 어쩔 수 없이 매정해져야만 할 때 나는 마음이
무거워지고, 학생과 조합원과 다른 현장 사람들과
다정함을 나누고 작은 승리를 쟁취할 때 기뻤다.
그의 노동운동의 기쁨과 슬픔을 읽다가 우리는 이윽고
동지가 된다. 내가 일하고 싶은 직장을 만들어 가려는 사람,
다른 사람의 목소리에 귀 기울이며 연결감이 확장되는
소중한 경험을 원하는 사람, 혼자가 아니라 함께여서
다행인 세상을 꿈꾸는 모두에게 이 책을 권한다.
— 박진영(『재난에 맞서는 과학』 저자)

한국어를 가르치는 노동자들은 어떻게 살고 있을
까? 먼저 한국어 교육을 직업으로 삼기까지의 과정
부터 살펴보자. 문화체육관광부에서는 매해 세 차
례 일정한 심사 과정을 거쳐 한국어교원 자격증을
발급하는데, 한국어 교원은 크게 세 등급으로 나뉘
어 있다. 양성과정을 이수한 후에 검정시험을 통
과하거나 대학에서 한국어 교육을 부전공으로 하
여 졸업하면 3급 자격증을 받고, 한국어 교육을 전
공으로 대학 또는 대학원을 졸업하면 2급 자격증
을 받는다. 그리고 2급 자격증을 취득한 후에 5년,
2000시간 이상 강의를 하면 1급 자격증을 받을 수
있다. 따라서 1급 자격증을 받기 위해서는 약 10년
의 기간이 필요하다.

편의상 교원자격증 소지자로 한국어 교육 노동자를 한정한다면 그 숫자는 2022년 기준 약 5만 7000명에 이른다. 그리고 매해 약 만 명이 신규로 한국어교원 자격증을 발급받고 있다. 하지만 자격증 소지자라고 해서 모두 한국어 교육 노동을 하는 것은 아니다. 2023년에 발표한 국립국어원의 보고서에서는 자격증 소지자 중에서 16.1%인 9200명만이 실제로 한국어를 가르치고 있다고 추정한다. 이 중 10.8%는 무급 봉사활동으로 일하고 있으며, 38.9%는 한국어 교육 이외에 별도의 경제활동을 하고 있다. 한국어교원 자격증 소지자 중에서 약 6%만이 한국어를 가르치는 일만으로 경제활동을 하고 있다는 뜻이다. 그 이유 중 하나는 바로 낮은 수입인데, 한국어 교육 노동자의 연 평균 소득은 1357만원에 불과하다. 사전적 정의에 따르면 직업이란 '생계를 유지하기 위하여 자신의 적성과 능력에 따라 일정한 기간 동안 계속하여 종사하는 일'을 뜻하므로, 한국어를 가르치는 일은 직업으로 존재하기 힘들다는 것을 알 수 있다.

다음으로는 한국어 교육 노동의 내용을 살펴보자. 먼저 교육적 측면을 보면, 한국어교원들은 대체로 긍정적으로 평가한다. '학습자 수준에 맞는 수업'이 이루어지고 있으며 '교재가 적절하고' '학습자들이 적극적으로 수업에 참여한다'라는 것이다. 그러나 노동 조건에 대해서는 부정 평가가 압도적이다. '급여 및 근무시간'과 '복지'에 75%에 가까운 한국어 교육 노동자들이 부정적으로 본다. 업무에 대해서는 만족하는 한편, 적절한 보상은 주어지지 않는다는 것이다. 실제로 국립국어원에서 한국어 교육 노동자로서의 만족도를 조사했을 때 '보람'에서는 72%가 긍정적이었으나 '사회적 인정'과 '안정성', 수입과 처우' 등에서는 모두 부정적이었다.

　여기까지 국립국어원의 조사 결과를 살펴보면 깊은 슬픔을 느끼게 된다. 한국어 교육 노동자는 자신의 일에 만족감을 느끼고 있으나, 그에 대한 처우는 불충분하다는 것을 알고 있다. 이는 한국어 교육 현장이 노동자의 열정과 보람을 연료 삼아 유지되고 있음을 뜻한다. 하지만 이런 상태가 과연 지속 가능한 것일까? 한국어교원을 타인에게 추천할 의향이 있느냐는 질문에 40%만이 긍정적으로 답했다. 내가 일하는 어학당에서 실시한 설문 조사 결과에 따르면 '가족이나 친구가 한국어 강사로 일하기를 원한다면 지지하겠다'라는 설문에 긍정적으로 답한 사람은 6%에 불과하다.

노동조합에 한국어 교육 노동자가 가입한 경우는 아직까지 대학 사업장에 한정되어 있다. 서울대, 경희대, 연세대, 강원대, 제주대 다섯 곳이다. 서울대와 경희대, 연세대에서는 학교 측이 교육 노동자의 무기직 전환을 인정해서 고용 안정이 보장되었지만 강원대와 제주대는 학교 측이 굳게 외면하고 있다. 대법원에서 무기적 전환 요건에 해당하는 일정 노동시간 제공을 판결로 인정했음에도 그렇다. 노동조합이 설립되었다고 해도 문제는 바로 해결되지 않고, 싸움은 삶의 일부로 계속된다.

서울대와 연세대는 노동조합 설립 이후로 많은 변화가 있었다. 임금이 올랐고, 연차휴가가 보장되었으며, 경조사비 지급을 비롯한 각종 복지제도가 자리 잡았다. 학교가 조합원을 징계하고자 할 경우에 조합이 개입해서 조합원을 보호할 수 있게 했다. 무엇보다도 학교와 지속적으로 논의의 자리가 열리도록 제도화했다는 점이 이후의 발전 가능성을 열어 놓는다.

제도화되지 않은 변화들도 있다. 학교 측은 예전처럼 강사의 의사를 무시하고 업무 지시를 내리기 전에 잠시 주춤하게 되었다. 조합원들은 학교 측의 요구에 좀 더 손쉽게 거절할 수 있게 되었다.

갑과 을의 불평등한 계약 관계는 노동조합을 통해 다소간 균형을 찾았다.

과제도 남았다. 당장 맞닥뜨린 가장 큰 과제는 채용이다. 학교 측은 신규 무기계약직 강사 채용을 중단하고 단기계약직 강사의 비중을 늘리는데, 이렇게 되면 정년퇴직을 통해 무기계약직 강사는 자연히 감소하고 고용이 불안정한 단기직 강사가 많아진다. 결과적으로 노동조합은 축소되고, 노동조합과 그 바깥의 단기직 강사들 사이에는 감정의 골이 깊어진다. 노동 현장 곳곳에서 오래전부터 발생했던 정규직과 비정규직 갈등이 한국어 교육 현장에서도 발생할 것이고, 사측은 어부지리를 얻게 될 것이다.

이 과제는 두 가지 방향에서 해결할 수 있다. 첫째는 노동조합이 단기계약직 강사와 연대하는 것. 이들이 부당한 처우를 당할 때, 설사 노동조합에 가입하지 않았더라도, 기꺼이 앞장서서 단기계약직 강사의 노동 조건을 향상시키는 것이다. 단기직 강사들이 낮은 시급을 받을 때 그들의 시급을 높이도록 노동조합이 나서서 요구하고, 단기직 강사들의 고용 불안을 해소하도록 노동조합이 나서서 요구하는 것이다. 둘째는 단기계약직 강사들은 물론이고 정부 주도로 운영되는 세종학당의 한국어 강사나 초중등학교의 한국어 강사 등 소속에 관계없이, 한국어를 가르치는 일에 종사하는 모든 노동자들이 가입할 수 있는 산업별 노동조합을 설립하는 일이다. 이는 사안의 당사자들을 투쟁의 주체로 세운다는 점에서 바람직하다.

이러한 과제를 수행하려는 움직임들은 이미 오래전부터 일어나고 있다. 고용 안정과 노동 조건 개선을 위해 전국 각지의 한국어 강사들이 애쓰고 있고, 노동조합을 조직하기 위한 노력도 꾸준히 이루어지고 있다. 그러나 당장 넘어야 할 벽이 아득히 높아 보이는 것도 사실이다.

이제 한국어 교육 노동자의 하루를 들여다보자. 오늘은 새 학기 첫날이다. A씨의 강의는 오전 9시부터 오후 1시까지 진행된다. 그는 5시에 일어나서 출근 준비를 하고 7시 반에 어학당에 도착한다. 오늘은 새로운 교실에서 새로운 학생들을 처음 만나는 날이니 먼저 교실 점검을 해야 한다. 그는 교실에 가서 컴퓨터가 잘 켜지는지, 책상 배치가 적절한지를 확인한다. 그리고 학생들의 명단을 출력한다. 국적과 이전 학습 경험 등을 살핀다. 갈등상태의 국가인 학생들이 있다면 신경을 써야겠다고 메모해 둔다. 학생들의 명단을 안다고 해도 학생의 이름이 한국어로 뭐라고 불릴지는 아직 알 수 없다. 그는 명단에 적힌 이름 옆에 학생들의 한국어 이름을 적을 것이다.

그는 교안을 살펴보며 오늘 수업에서 사용할 자료를 학생 수에 맞춰서 복사한다. 학기 첫날이니 학생들에게 공지할 사항도 정리해야 한다. A씨는 한국어를 처음 배우는 학생들을 가르쳐야 하는데, 다시 말해서 "15분 늦으면 지각 처리합니다."라고 말해도 학생들이 못 알아듣는다는 뜻이다. 그는 이 정보를 어떻게 전달할지 고민한다. 영어로 말하면 되지 않는가? 하지만 영어를 못하는 학생들도 있다. 그리고 영어를 못해도 한국어 선생이 될 수 있어야 한다.

8시 반부터 교안 회의가 열린다. 오늘 가르칠 단어와 문법에 관해 동료들과 상의한다. 그는 '밥'이 쌀로 지은 쌀밥만 가리키는 경우와 모든 형태의 식사를 가리키는 경우를 구분하게 될 것이다. "비가 와서 학교에 안 가요."는 자연스러운데 "비가 와서 학교에 가지 마세요."는 어색한 이유를 고민할 것이다. "이미 퇴근한걸요."와 "이미 퇴근했는걸요.”가 무슨 차이가 있는지 고민할 것이다. “그 일은 힘들다.”와 “그 일은 힘이 든다.”에서 ‘들다’의 형태가 달라지는 이유, “우리 아이는 공부만 안 해요.”와 “우리 아이는 공부만 하지 않아요.”의 미묘한 차이 같은 것을 고민할 것이다. 아마도 타 직종의 친구들은 A씨의 고민을 공감하지 못하고, A씨의 고민은 어쩌면 바보같아 보일 것이다.

그는 9시에 교실에 들어간다. 앞서 말했던 이유로 그는 영어 없이 한국어를 가르친다. 공유하는 언어가 없는 타인과 대화하는 경험이 한국어 교육 노동자에게는 일상이다. 하지만 학생들 또한 그럴 테고, 그는 한 학기 동안 학생들과 공유하는 영역을 넓혀 갈 것이다. 네 시간이 지나고 강의를 무사히 마치면 그는 강사실로 돌아와서 안도의 한숨을 쉰다.

앞으로 그는 수업이 끝나면 학생들의 숙제를 수정해 줄 것이다. 아마 기상천외한 오류들을 발견할 것이다. 예컨대 “저는 미국 사람이느라고 한국어가 어려워요.” 같은 문장을 접했을 때 틀린 부분을 지적하는 것은 한국인이라면 쉽게 할 수 있다. 하지만 A씨는 교육 전문가로서 학생이 왜 이런 실수를 했는지 이해해야만 한다. 그 과정에서 학생의 모국어와 문법 '-느라고'에 대한 이해가 깊어질 것이다.

　　숙제 검사를 마치고 다음 날 수업 준비까지 마친 그는 오후 1시에 수업이 끝났지만 5시가 되어야 집에 돌아간다. 메신저를 확인해 보니 학생들은 카카오톡으로 A씨에게 갖가지 질문을 보냈다. 학생증을 어떻게 발급받는지, 숙제를 안 하면 벌점이 있는지, 아르바이트를 해도 되는지, 목이 아픈데 약국에 가서 뭐라고 말하면 좋을지 등을 묻는다. 어떤 학생은 전기요금 고지서를 사진 찍어 보내고는 해석해 달라고 부탁한다. A씨는 학생들의 질문에 하나하나 답해 준다. 답해 주지 않는다면 학생들의 삶의 질이 얼마나 나빠질지를 A씨는 누구보다 잘 알고 있다. 일일이 답장하고 나니 어느새 밤 8시가 됐다. 그는 드라마를 보려고 텔레비전을 켰다. 배우들이 하는 말을 들을 때 A씨의 머릿속은 복잡해진다. 그는 한국어 수업에서 "내일 비가 오겠어서 등산을 취소했어요."가 틀렸다고 가르칠 텐데, 드라마에서 주인공 배우가 "그 심정을 너무 알겠어서 더 이상 뭐라고 못 했어."라고 말했기 때문이다. 그렇다면 이유의 표현 '-어서' 앞에다가 '-겠-'을 넣어도 괜찮은 걸까? A씨는 아마 고민하다가 잠들 것이다. 수업을 위해서는 일찍 자야 한다. 하지만 아직도 A씨는 명쾌한 답을 얻지 못했으므로 숙면을 취하지 못한다.

A씨는 내일 다시 학생들을 만나게 될 것이다. 하지만 오늘과 같은 하루는 10주 후면 끝날 테고, 어쩌면 이번 학기가 마지막일지도 모른다. 이번 학기가 끝나면 다음 학기에 또 강의가 주어질지는 알 수 없다. 이번 학기가 끝나면 바로 새로운 구직활동을 시작해야 할 것이고, 다시 한국어를 가르칠 수 있으리라는 보장은 누구도 해 주지 않는다. 한 학기 동안 학생들과 쌓아 온 교감은 무용하게 사라져 버릴 것이다.

# 차례

일러두기

1   2019년에서 2024년까지 일기를 실었다. 「한국어를 가르치는 일」은
    인문잡지 《한편》 '일'(2021년 5월호)에 수록되었다.
2   외래어 표기는 국립국어원의 외래어 표기법을 따랐으며 일부 관례로
    굳어진 것은 예외로 두었다.
3   단행본은 『』로, 개별 작품은 ' '로, 잡지 등 연속간행물은 《》로
    표시했다.

연차수당 체불 대응팀에 합류했다.

　노동자가 주당 15시간 이상, 1년간 80퍼센트 이상 일한 경우에 근로기준법에 따라 15일의 연차 휴가가 주어진다. 휴가를 사용하지 않았다면 사측은 수당을 지급해야 한다. 하지만 예나 지금이나 연차수당을 지급하는 어학당은 국내에 거의 없다. 대부분의 어학당에서 강의 시간을 주당 15시간 이하로 제한했고, 강의 외에 연구나 채점, 상담 등은 노동으로 인정하지 않기 때문이다. 그리고 강사가 연차수당을 요구하면 곧 사측이 재계약을 거부해서 생계가 어려워지기 십상인 탓이다.

　우리 어학당에선 작년부터 연차수당 문제가 논란이 되었다. 강의 시간이 주당 20시간 이상인 강사가 많아 연차수당 지급 대상이다. 그러나 실제로 받아야 할 연차수당 금액이 얼마인지를 산정하는 것부터가 난관이다. 퇴직자와 휴직자에게 연락도 취해야 한다. 학교 측에 연차수당 지급을 요구하고 그 법적 근거를 제시하는 것도 중요하다. 재계약 여부에 불안해하지 않도록 안전장치도 마련해야 한다.

할 일이 많으시겠지. 하지만 나에게까지 대응팀에 합류해 달라는 부탁을 하실 줄 몰랐다. 친하지도 않고, 내가 일을 잘하는 사람도 아니고, 발이 넓은 사람도 아닌데. 여섯 명으로는 버거우신 모양이다.

# 2019년 1월 23일

○○일보 기자의 취재 요청이 들어왔다. 연차수당 문제를 공론화할 좋은 기회라고 생각했는데 어쩐지 부정적인 반응이 많았다. 당장의 협상에 방해가 될 수 있으니 언론 대응을 미루자는 것이었다. 선배 K에게 다시 제안하자, 도대체 누가 인터뷰에 응하겠어요, 라고 반문한다. 익명 보호는 제대로 될까요, 혹시 사진도 찍나요. 나는 우리가 지나치게 조심스럽다고 느낀다. 아쉽다.

# 2019년 3월 1일

오전 이른 시간에 동네 카페에서 어학당 선배 W를 만났다. 용건이 있다고 하는데 나는 굳이 듣지 않고도 짐작할 수 있었다.

연차수당 체불 업무를 처리하면서 N 노무사와 소통할 때 그는 우리 강사들에게 노조 설립을 종종 권유했다. 학교에 대해 갖가지 문제의식을 갖고 계신 걸 알고 있습니다, 노동조합을 만들면 저같은 노무사를 거치지 않고 스스로 해결하실 수 있어요. 그러나 아무도 가 본 적이 없는 길에 선뜻 나서는 사람은 없었다. 연차수당 팀의 단체카톡방에는 일정한 감정의 순환이 반복되곤 했는데, 처음에는 학교에 대한 분노가 터지고, 다음에는 노동조합을 책임질 한 사람이 나서지 않는 현실에 대한 짜증이

폭발하고, 마지막으로는 '그럼 그렇지······' 하는 무력감이 천천히 퍼져 가는 것이었다.

동료들과 이런 상황을 공유하면서 나는 그게 그렇게 어려운 일인가, 왜들 노동조합 설립을 버거워하는 걸까, 했다. 이 말이 소문이 되어 몇몇 사람들 귀에 들어갔다고 했다. 그러니 나를 설득해 노동조합 대표자의 일을 부탁하고들 싶으셨으리라.

여전히 궁금하다. 노동조합 일을 왜 다들 거절할까. 언론에서 그려지듯 특권을 누리는 집단이라면 오히려 다들 앞다퉈 나설 텐데. 불이익을 두려워하는 거라면, 노동조합은 오히려 조합원들을 적극적으로 보호하도록 법적으로 체계화된 조직인데. 대부분의 사람들은 노동조합을 해 본 적도 없는데, 경험 없는 일을 이렇게까지 회피하려 애쓰는 마음은 무얼까. 나는 잘 모르겠다.

W를 만나기 전부터 마음을 먹었다. 노동조합 대표자 일을 맡는 건 두고 볼 일이나 노동조합 설립 과정을 책임지는 일은 내가 맡기로 했다. 연차 수당 체불 대응팀의 다른 강사들은 꼼꼼한 계산과 자료 수집 등의 업무를 잘하는데 나는 이런 업무에 둔하다. 대신 노동조합 설립처럼 경험 없는 일에 기꺼이 발을 내딛는 일은 내가 맡을 수 있다. 다만

아무개의 부탁을 받아 노동조합 대표자로 나선다고 하면 아마 '내가 최수근을 움직여 일을 맡겼다'고 공을 내세우는 사람들이 있을까 염려해 일단 유보하기로 한다. 노조 설립 과정을 거쳐 가면서 많은 부분들이 선명해질 것이다.

# 2019년 3월 20일

우리반 학생 D와 G는 고양이를 키운다. G는 며칠 전에 동네를 산책하다가 우연히 만난 길고양이 두 마리에게 반해 버렸다. 차마 지나치지 못했고, 고양이들도 G가 마음에 들었던 모양이다. 다행히 집주인도 고양이를 좋아하는 사람이라 식구가 늘어나는 걸 환영해 주었다. 오늘 G는 고양이들의 중성화 수술이 있어서 학교에 결석했다. 집주인이 병원비를 함께 부담해 주겠다고 했단다. 다행스러운 일이다.

D와 그의 고양이는 운이 좋지 못했다. 집 근처 동물가게에서 만났고, 비용을 지불하고 사 왔다. 그런데 가게에서 병을 숨겼던 모양이다. 하루이틀 시간이 지나자 털이 빠지고 피부병이 온몸으로 번

지기 시작했다. 당황한 D는 고양이를 급히 병원으로 데려갔다. 그리고 가게에는 강하게 항의했다. 하지만 D의 한국어 실력으로 보건대 조리 있게 힘 있게 말하지는 못했을 것이다. 가게에선 책임을 회피했고, 병원에서도 별다른 조치를 취하지 못했다. D의 고양이는 여전히 병으로 고통스러워하고 있고, 그는 고양이를 생각하느라 수업에 좀처럼 집중하지 못한다.

우리는 수업 후에 잠시 대화를 나눴다. 어쩌면 D의 행동에 지혜롭지 못한 부분이 있었을지도 모른다. 하지만 불완전한 한국어로 그간의 사연을 더듬더듬 설명하는 D, 자기 머리털을 움켜쥐고 뽑아 내는 흉내를 내는 D, 한국어 실력이 부족해서 병든 고양이를 충분히 대변해 주지 못했다는 생각에 괴로워하는 D의 모습을 기억한다. 학생이 자신의 고양이를 돌보는 일에 도움을 주지 못한다면, 도대체 내가 한국어를 가르치는 이유가 뭐가 있을지 모르겠다.

# 2019년 4월 1일

즐거운 아침. 만우절 장난을 친 학생들은 처음이다. 교실에 들어서자 모두가 말끔히 자리를 치워 놓고 어디론가 사라져 있었다. 교실 밖에서 자기들끼리 키득거리고 있었을 것이다. 뭐야, 다들 어디 갔지, 오늘 수업 못하겠네. 큰 소리로 외치자 복도에서 우당탕탕 소리가 들려오더니 학생들이 교실로 밀어닥쳤다.

사랑스럽다. 학생들은 나를 '최 엄마'라고 부른다. 영문을 모르겠다.

내가 달팽이를 키우는 걸 알고 있는 이탈리아 학생 K가 쉬는 시간에 칠판에 달팽이 그림을 그려 놓았다. 쉬는 시간이 올 때마다 그림은 점점 더 상세해지더니 하루 수업이 다 끝날 무렵엔 달팽이 두 마리가 되어 있었다. 달팽이 곁에는 말풍선이 있고, 이탈리아어로 감사하다고 적혀 있었다.

# 2019년 4월 12일

노동조합 설립을 함께 준비하는 강사들과 여의도의 정의당 당사에 가서 상담을 받았다. 비정규직 노동 상담을 위한 창구를 운영하고 있기 때문이다.

결정할 사안은 이렇다.

— 단위 노조가 될지, 산별 노조에 가입할지.
— 산별 노조를 택한다면 민주노총으로 갈지, 한국노총으로 갈지.
— 일부 인원이 노동조합을 설립한 후에 강사들을 설득하여 조합원을 늘릴지, 한꺼번에 조합가입 신청서를 받아 일시에 가입할지.

궁금해들 하던 문제에 대해서도 대답을 들었

다. 사측이 조합원에게 불이익을 가할 때 어떤 처벌을 받는지, 노조 사무실 제공과 노조 위원장에 대한 처우는 어떠해야 하는지 등. 나는 민주노총에 가입하는 것이 좋다고 판단했다. 한국노총은 정규직 노동자들을 중심으로 운영되고 어떤 사업장에선 사측 입장에서 비정규직을 괴롭히는 역할을 맡기도 한다. 우리처럼 지위가 불안정한 직종의 사람들에게는 도움 될 게 없으리라. 그러나 일반적인 시각에서 민주노총에 대해 반감이 심한 만큼 최대한 가능성을 열어 놓고 민주노총, 한국노총과 모두 접촉해 봐야 조합원들 앞에서도 명분이 생길 것이다. 양대 노총과의 면담 일정도 잡는다.

## 2019년 4월 21일

노동조합 창립 총회는 6월 초에 할 작정이다. 학기 말에는 다들 바쁘실 테니 여름학기 초에 창립 총회를 하자고 했다. 나는 집행부 조직도를 짜고, 공문 양식을 만들고, 대학노조와 소통하면서 지부 규정을 작성할 것이다. 집행부 임원들에게는 강사들을 만나 가입원서를 최대한 많이 받아 달라고 부탁했다. 나는 사람들 만나는 일에 소질이 없는데 고맙게도 집행부 간부들이 적극적으로 강사들을 만나 가입원서를 받는다.

집행부 조직 구성에 대해선 지부장/부지부장/회계감사의 직선제 선출 등 핵심적인 요건이 몇몇 있지만 세세한 사항까지 규정하는 매뉴얼은 딱히 없다. 각 지부의 사정에 맞게 자율적으로 결정할 수 있는 영역이 있다. 그러니 대학노조에서 받은 지부 규정도 우리 어학당의 사정에 맞게 일부 수정한다. 예컨대 조합원 가입 범위나 대의원 자격 등. 나는 백지 위에 자유롭게 선을 그어 가는 일을 좋아한다.

어학당 복도를 지나가는 길에 동료 Y가 물었다. 진짜 만들 건가요. 뭐 말씀이세요. 왜 알면서 모르는 척하세요. 그런가요, 그저 순조롭습니다, 문제없어요. Y는 그럴 리 없다는 표정을 짓는다.

## 2019년 5월 3일

오늘은 좀 지쳤다. 수업을 마치자마자 핸드폰을 끄고 집으로 돌아왔다. 오는 길에 다이소에 들러 루빅스 큐브를 샀다. 유튜브를 열고 '루빅스 큐브 맞추는 법'을 검색했다. 초등학생 아이들이 나이 많은 아저씨를 위해 친절하게 루빅스 큐브를 알려 주는 영상들이 잔뜩 나왔다. 속도에 따라 거북이 버전부터 개미 버전, 굼벵이 버전 등등이 있다. 저녁 식사 시간이 되어서야 겨우 스스로 루빅스 큐브를 맞췄다. 다시 뒤섞고 맞추기를 반복한 후에야 비로소 성취감이 들었다. 좋은 하루를 보냈다고 생각했다.

# 2019년 5월 9일

로비에서 만난 J가 급히 옷자락을 잡고 끌어당기더니 단둘이 되자 말했다. 최 선생님, 정말 노조 만드실 건가요. 네, 그렇습니다. J는 잠시 말을 고르더니 내 두 눈을 똑바로 바라보면서 말한다. 선생님, 희생하지 마세요, 이곳 사람들은 최 선생님이 희생하실 만큼 가치 있지 않습니다, 최 선생님은 귀하시고요.

저, 희생하는 거 아닙니다.

J는 우리 어학당에서 부조리한 문제를 바로잡기 위해 나선 적이 있고, 그때 동료들에게 외면을 당해 외톨이가 된 적이 있다. 믿음을 버리신 것도 이상하지 않다. 나를 진심으로 위해서 하신 말씀이라고 믿지만 귀담아듣지 않을 것이다. 실제로 지부

장 임기 후에 나는 사람들에게서 버림받았다고 느낄지도 모를 일이다. 슬프다.

# 2019년 5월 30일

어머니에게서 연락이 온다.

 지난 월요일에는 부모님을 뵈러 수원에 갔다. 내가 와인을 가져가고 어머니는 육회를 차리시는 것이 우리 가족의 문화라면 문화다. 이번에는 어머니께 노동조합 지부장을 맡으려 한다고 말씀드릴 작정이다. 그간 노동조합 설립과 관련된 일을 한다고 알고 계셨지만 그 대표자가 될 거라는 이야기는 하지 않았다. 뭐라고 말해야 어머니께서 안심하실지를 고심했지만 마땅한 답이 떠오르지 않았다.

 우리는 와인을 마시고, 그간의 이야기를 나누고, 나는 어머니께 말씀드린다. 노동조합이 6월에 설립되는데요, 그때 지부장 선거를 합니다. 지부장은 어학당 노조의 대표자인데, 아마 제가 될 것 같아요. 어머니의 안색을 살피면서 재빨리 말을 이었다. 재미도 있고 의미도 있을 겁니다, 그리고 아무런 해꼬지도 없을 거예요, 지부장은 가장 전면에 나서는 사람이니 학교 측도 오히려 함부로 건드리지 못할 겁니다, 자칫하면 민주노총 전체와 대거리를 할 테니까요, 그러니 마음 놓으세요.

그날 가만히 듣기만 하시던 어머니께서 연락을 한다. 애, 어쩜 내 뱃속에서 너처럼 간 큰 애가 나왔다니. 니가 괜찮다고 하니까, 그래, 그럼 괜찮으려니, 한단다. 하지만 난 어머니도 지난해 요양 센터에서 급여가 잘못 나왔을 때 강하게 항의하시던 모습을 기억한다.

## 2019년 6월 7일

여름학기가 다음 주부터 시작한다. 학기 초에는 갖가지 행정 업무로 다들 분주할 텐데, 다행히 우리 어학당은 개강 전날에 강사들이 미리 어학당에 모여 새 학기 준비 회의를 한다. 이 기회에 굳이 길게 시간 끌지 말고 대강당에 강사들을 모아 창립 총회를 열었다.

사전에 준비한 대학노조 어학당지부 규정을 조합원 수만큼 출력했다. 지부 임원 선거로 해야 하니 투표 용지도 준비했다. 총회 성원 여부를 확인해야 하니 조합원 출석부도 준비했다.

지부 창립 총회에는 대학노조 서울본부 임원들도 왔고, 다른 어학당의 한국어 강사들도 축하해 주러 왔다. 우리 조합원만 모이지 않고 다른 분들이 함께해 준다면 창립 총회도 덜 두렵게, 더 기쁜 마음으로 치를 수 있을 것이다.

우리는 지부 운영 규정과 지부 임원 선출에 대해 찬반 투표를 치렀다. 내가 단독 후보로 지부장이 되었다. 소감을 물으시길래, 그동안 강사협의회에서 애써 주신 선배들과 후배들, 그리고 앞으로 채용될 얼굴 모를 후배들에게도 부끄럽지 않은 지부장이 되겠습니다, 라고 답했다. 이런 말이 술술 나오는 게 어쩐지 부끄럽다.

총회에 참석한 서울본부 임원들에게도 축사를 듣기로 했다. 마이크를 잡은 이가 대강당에 모인 조합원들을 둘러보더니, 여성 동지가 많아 걱정스럽지만 그래도 열심히 투쟁하면……이라기에 아연했다. 대체 무슨 소리인지. 시작부터 노동조합에 대해 기대를 낮추고 있다.

# 2019년 6월 17일

원장 면담을 했다. 노동조합 설립 신고를 마치고 며칠 지나지 않아 원장님이 한번 보자십니다, 하고 행정실로부터 전해 들었다.

자신이 관리하는 기관에 노동조합이 설립되었다는 소식이 원장에게는 어떻게 받아들여질지 알수 없다. 대체 왜 노조 설립 같은 무모한 짓을 벌이셨습니까, 라며 내심 한탄하는 경우도 있고, 곧 제임기가 끝나니 그때 설립해 주시면 안 되겠습니까, 라고 비는 경우도 있다. 그동안 내가 경영자로서직원들을 위해 얼마나 애써 왔는데 노조 때문에 무위로 돌아갔다, 라며 책임을 떠넘기는 경우도 있다. 이제 한번 해보자는 거지요, 그럼 두고 봅시다, 라며 협박하는 경우도 있다.

원장은 말한다. 선생님들이 제일 바라시는 게 뭔가요. 상식적인 노동 조건이 자리 잡는 거지요. 예측 가능하고 안정적인 임금을 지급받고, 부당한 업무 지시를 받지 않는 것. 요구 사항을 구체적으로 밝히면 오히려 그 부분을 약점으로 이용할까 염려해 원칙적인 입장만 밝힌다.

그는 대답한다. 아시다시피 어학당엔 조합원이 아닌 분들도 계십니다, 저는 경영자로서 그분들의 입장도 존중해야 합니다, 이 점을 양해해 주셨으면 합니다. 이 말을 듣는 순간 뭔가 부조리하다는 감정이 느껴졌는데 그 명확한 이유는 찾지 못한다. 나는 앞으로도 이런 발언을 자주 듣게 될 것이다. 경영자는 비가입자들의 입장을 내세워 노동조합의 요구를 거부하는 데 사용하고, 비가입자들은 노동조합이 자신들과도 투쟁의 성과를 공유해야 마땅하다고 요구할 것이다. 발목이 붙잡힌 채로 날아올라야 하는 것이 이 일의 숙명이다. 나는 무척 슬퍼졌다.

원장이 다시 말을 잇는다. 한국어학당 중에 노동조합이 설립된 데가 또 있나요. 나는 대답한다. 서울대와 경희대 그리고 강원대 어학당에도 조합원들이 계시지요. 하지만 정식으로 민주노총 소속의 지부를 설립해서 운영하고 단체교섭까지 할 수 있는 곳은 우리 어학당뿐입니다. 그렇군요, 최 선생님이 여러모로 큰일 하셨네요. 나는 그의 말에 비아냥이 섞여 있다고 느낀다.

원장님, 그런데 말입니다. 앞으로는 최 선생님이라고 부르시면 안 됩니다. 최 지부장님이라고 부르셔야 합니다. 그의 당황하는 모습을 보고 나서야 마음이 풀린다. 돌아보면 이런 싸움, 그러니까 선례가 없는 조직에서 정확한 호칭을 사용하고 규정을 만드는 등 자리매김을 하는 일은 예전에도 해왔다. 나는 스스로 이 일을 잘 해낼 수 있을지도 모른다고 생각한다.

# 2019년 6월 19일

인사를 드리러 불광동 대학노조 사무실에 찾아갔다. 며칠 전에 만들었던 살구잼을 챙겨 간다.

사무처의 K가 벌떡 일어나 환대해 주었다. 상담실로 안내하고서 과자와 음료를 내주었다. 잠시만요. 그는 노트와 볼펜을 챙겨 들어와서는 입을 열었다. 창립식은 무사히 끝났나요. 잘 마무리했습니다. 혹시 조합원은 몇 분이신가요. 전체 강사들 중에서 93퍼센트 이상이 가입해 주셨습니다, 백 명이 넘어요. 그는 놀란 눈으로 말한다. 시작이 좋네요.

K는 대학노조에서 한국어 강사의 노동 현실에 대해 누구보다 잘 이해하고 있는 사람이다. 우리 어학당 지부의 설립 절차에도 절실하게 조언해

45

주었다. 나는 그에게 깊이 감사하고 싶었는데, K는 오히려 갑자기 나에게 정중하게 격식을 갖춰 대하기에 의아하다고 느꼈다.

노조 설립 과정에서 뵈었을 때하고는 뭔가 달라졌네요. K가 대답한다. 지부장이 되셨으니까요, 개인이 아니라 조합원을 대변하는 분이니까요. 나 개인에 대한 존중이 아니라 우리 지부의 조합원에 대한 존중이었으리라. 이 직함이 무겁다.

이야기를 마친 후에 살구잼을 드리고 돌아왔다. 이런 건 또 처음이네요, 하셨다. 앞으로도 이것저것 나누면서 지냈으면 좋겠다.

# 2019년 6월 24일

노동조합 창립 기념 떡을 돌렸다. 우리 조합의 첫 사업인 셈이다.

아직 조합원들에게서 조합비를 받지는 못했다. 조합비 공제 신청을 해 두었지만 언제 처리될지는 모른다. 그 대신에 우리 노동조합의 전신인 강사협의회 예산을 활용하기로 한다. 물론 노동조합 가입을 거부한 강사들에게는 강사협의회 회비를 돌려준다. 신생 조직인 만큼 행정 사무의 틀을 잡아 가는 일이 한동안 지속될 것이다.

노동조합이 세워지면 떡을 돌려야겠다는 아이디어는 다른 투쟁 현장의 사례를 통해 배웠다. 정규직 전환을 목표로 투쟁한 끝에 승리했을 때, 비조합원과 사측 임원 모두에게 떡을 돌렸다고 들었다. 아주 멋진 일이라고 생각했다. 어떤 조합원들은 자신의 가입 사실을 숨기려고 하고, 사측도 노동조합의 존재 사실을 외부에 숨기고 싶을 것이다. 나는 오히려 다 같이 기뻐하며 드러내고 싶다.

원장에게 직접 떡을 전해 주고 싶었으나 만나지 못했다. 대신 행정팀장에게 건넸더니 허허허 웃으면서, 안 그래도 원장님이 뵙고 싶어하신다, 했다. 다른 직원은 축하드립니다, 저희도 직원노조 조합원인걸요, 했다. 그러나 투쟁 상황에서 우리는 아마 맞서 싸우게 될 것이다.

강사실 책상에도 기념 떡을 돌렸다. 조합 가입 여부에 상관없이 모두에게 나눴는데, 자신은 조합원이 아니니 안 받겠다며 단호하게 거절하는 분이 있기에 차마 드리지 못했다고 나중에 집행부 임원한 분에게 들었다.

# 2019년 6월 29일

아침 일찍 실을 사러 동대문에 갔다.

베틀질을 하는 것이 내 오랜 취미다. 보통 컵 받침을 짜는데 그간 만들어 둔 것이 120여 개가 넘는다. 이번에 노동조합이 설립되었으니 집행부로 나선 선생님들에게 감사의 뜻으로 하나씩 나눠 드릴 작정이다. 설립을 도와준 대학노조 동지들에게도 선물할 것이다.

시장 골목을 걸으면서 실뭉치들을 구경하고 손으로 만지작거리면 기분이 좋아진다. 이번엔 콘사와 램스울 열 뭉치를 샀다. 이 정도면 육 개월은 넉넉히 작업할 수 있을 것이다. 낯선 질감의 실도 많았는데 사려다 말았다.

시장을 나와 근처 식당에서 삼천오백 원짜리

닭곰탕을 먹었다. 내가 마수걸이 손님이었다. 테이블마다 소주잔이 기본 세팅으로 놓인 것이 좋았다. 밥상에 놓이는 기본 반찬들도 하나같이 소주 안주로 어울린다. 낮술을 참았다.

집으로 돌아와 시험 삼아 베틀을 꺼내 컵받침을 하나 짰다. 흰 실과 검은 실을 함께 꼬아 보카시로 짜면 색감도 자연스럽고 두툼한 촉감이 따뜻한 느낌을 주기도 한다. 하나를 완성하는 데 40~50분 정도 걸린다. 전에는 한 시간이 족히 넘었는데 점점 시간이 줄어들다가 이제 이 정도 시간으로 자리 잡았다. 완성된 컵받침을 신발상자에 모아 둔 후에 잤다.

# 2019년 7월 11일

노동조합 선배와 저녁 식사 약속이 있었다. '선배'
가 아니라 '상관'이라고 해야 할지. 노동조합 조직
은 때로 군대처럼 느껴진다. 그는 일전에도 나를
보자마자 아무렇지도 않은 듯 반말을 시작했다. 나
는 그가 높임말을 사용하던 때가 있었는지 기억나
지 않는다.

    우리는 학교 근처 카페에서 만났다. 그는 어학
당 지부의 근황에 대해 간단히 묻더니 나에게 정신
무장이 필요하다고 했다. 지부장은 목숨을 버릴 작
정으로 일해야 한다는 것이다. 가볍게 임기만 채우
고 그만둘 거라면 지금 당장 때려치우라며 눈을 부
릅떴다. 나는 갑자기 화를 내는 그의 모습이 우습
기도 하고, 조금은 비장해지기도 한다.

카페에서 대화를 마치고 저녁 식사를 하러 나갔다. 그는 연세대의 다른 노동조합 지부장 H도 불러냈다. 우리는 학교 앞 치킨집에 가서 맥주를 마셨다. 그는 연세대 지부장들이 다들 정신 교육을 제대로 받아야 한다고 했다. 문재인 정권에서 노동 운동을 시작한 사람들은 편한 줄 알라고도 했다. 박근혜 정권에서는 매우 고통스러운 투쟁을 했다는 것이다. 그리고 그동안 스스로 목을 매어 숨진 지부장들의 이야기를 들려주었다. 나는 좀 우울해졌다.

H와 화장실에서 마주쳐서 이야기를 나눴다. H는 노동조합 지부장 생활을 나보다 먼저 시작했다. 저분은 자주 이러시나요. 네, 그렇습니다. 너무 심각하게 귀담아듣지 말고 그냥 고개만 끄덕끄덕하세요. 참, 오늘 계산은 제가 하겠습니다.

집으로 돌아와서 함께 사는 친구에게 오늘의 일을 들려주었다. 노동조합 활동을 하다가 곤욕을 치른 사람들에 대해서도 이야기했다. 친구는 서로의 불행을 겨루지 말자, 하고 조언해 주었다. 도움이 되었다.

# 2019년 7월 19일

연세대학교 총장 앞으로 내용증명을 보냈다. 부당하게 변경된 취업규칙을 원상복구시키고, 어학당 강사들이 무기계약직으로 전환되었음을 확인하도록 요구하는 내용이다.

어학당에선 강사들을 인사평가할 때 연구수행능력을 점수화해 왔다. 점수를 받으려면 논문을 쓰거나 학내 연구 프로젝트에 참여해야 하는데, 프로젝트의 업무량이 지나치게 많은 반면에 수당은 적어서 참여도가 낮았다. 그렇다면 수당을 인상하는 것이 당연한 일이다. 그러나 학교는 인사평가에서 연구수행능력 점수의 최소 기준을 마음대로 높여서 강제성을 부여한 것이다.

두 달 전에 학교는 대강당에 강사들을 모아서

앞으로 이러이러하게 인사평가를 하겠다, 라고 알렸다. 마치 그렇게 하겠다고 하면 정말로 그렇게 될 것처럼. 그러나 사측이 인사평가를 노동자에게 불리한 방향으로 바꾸려면 노동자 과반수의 동의가 반드시 필요하다. 그러니 이 문제를 바로잡아야 한다. 더구나 이 문제는 우리 조합이 교섭권을 확보해서 단체교섭을 하기 전부터 성과를 거둘 수 있는 사안이고, 그렇게 해야 조합원들이 조합에 대한 효능감을 느낄 수 있을 것이다.

무기계약직 전환도 마찬가지다. 단시간 노동자가 무기계약직으로 전환되어 고용 보장이 되려면 주당 15시간 이상의 노동을 해야 한다. 우리 어학당은 시급이 낮은 대신에 강의 시간을 많이 주는 방식으로 임금 수준을 유지해 왔다. 강의 시간이 많다는 점이 무기계약직 전환에는 유리한 상황이 되었다. 전화위복이라고 할까. 더구나 급여는 물론 노동 시간마저 후려치는 일이 흔하게 발생하는 한국어 교육 업계의 동향을 볼 때, 무기계약직 전환은 시급하게 해결할 사안이다.

먼저 공문을 만들었다. 어학당 지부 최초의 공문이다. 공문을 만든다는 건 우리 지부에게 공적인 자리가 주어졌다는 뜻이다. 한국어학당 강사들에겐 공적으로 합의된 명칭도 없고, 적용되는 법과 규정도 제각각이다. 정확한 이름으로 불리기 위해 싸우고 있는 사람들도 많다.

공문은 총장실에 내용증명으로 보낸다. 노동 조합 이전에 개인적으로 이런 조치를 취할 상상을 했으나. 실제로 집행부 임원 한두 분이 두려워하기 에 다독였다. 우체국에 가서 내용증명 보내는 모습 을 사진 찍어 집행부 단톡방에 공유한다.


첫 조치라 설레지만 마음에 걸리는 부분도 있 다. 어학당에서는 외국인 학생들이 참여하는 노래 대회와 연극 대회를 실시했다. 그런데 학생들 중에 는 굳이 참여를 원하지 않는 이들이 있었고, 행사 를 순조롭게 이끌어 가기 위해 대회에 참여하는지 여부를 점수로 환산하여 학생들에게 부여하기 시 작했다. 연구수행능력의 점수 기준을 마음대로 변 경한 학교의 조치와 마찬가지 아닌가. 일부 학생들 은 점수를 기꺼이 포기하더라도 행사 참여를 거부 했다.

외국인 학생들의 피해가 예상되는 상황에서 우리는 대체로 침묵했다. 유사한 상황에서는 강사 들이 피해를 당하지 않도록 비로소 싸웠다는 점이

마음에 걸린다. 앞으로는 학생들을 돌보는 일에 더
열중했으면.

# 2019년 8월 20일

B가 메시지를 보냈다. 이따 저녁 여덟 시에 전화를 드려도 되겠습니까. 괜찮다고 했다.

그와는 친분이 별로 없다. 나보다 4년 늦게 입사한 후배였는데 유능한 한국어 선생이라고 생각했다. 수업을 준비하는 모습, 학생과 대화하는 모습을 얼핏 보았을 때 훌륭하다고 느꼈다. 다만 함께 일하고 이야기 나눌 기회가 없었다. 아니, 언제였더라. 오후 수업을 마치고 강사 사무실로 돌아가다가 불 꺼진 빈 교실에 B가 혼자 남아 있는 모습을 보았다. 그는 울고 있었다. 서성이다가 교실로 들어가 괜찮으신가요, 하고 물었다. 고개를 들어 나를 보더니 다시 얼굴을 책상 위에 묻기에 나는 조용히 나왔다. 그날 저녁 B는 놀라셨지요, 죄송합니다, 라고 메시지를 보냈다. 그것이 우리가 나눈 마지막 대화였다.

지금 어학당에서는 강의 시간 배정이 뜨거운 쟁점이다. 그동안 강사들은 시급이 낮은 대신에 강의 시간을 넉넉히 받아 생계를 유지해 왔다. 그러나 코로나 바이러스가 확산되고 학생 수가 줄어들자 전체 강의 시간도 함께 줄어들었다. 그러자 누가 더 많은 강의 시간을 배정받는지가 민감한 관심사가 되었던 것이다.

우리 어학당에서 과거에 강의 시간이 넉넉했다는 것, 구체적으로 말해 주당 20시간 이상의 강의를 받곤 했다는 것은 강사들의 무기계약직 전환을 학교 측이 부정할 수 없게 만드는 사정이 되었다. 법적으로 주당 15시간 이상의 노동을 2년간 제공하면 무기계약직으로 자동 전환되기 때문이다. 그러나 학교 측이 강의 시간을 축소하면 강사들의 임금도 줄어드니 학교 측은 사실상 해고나 다름없는 권한을 갖는다. 그러므로 학교 측은 공정성을 위해서 강의 배정의 기준을 투명하게 공개해야 하고, 노동자의 생활 안정을 위해서 최소 강의 시간을 보장해야 한다.

줄어든 강의 시수에 대한 불만이 높아지자 원장은 매 학기 실시하는 강의평가 결과로 강의를 배정하겠다는 입장을 밝혔다. 그간 명확한 기준이 없었다는 점도 인정했다. 그러나 강의평가 결과만을 기준으로 강의를 배정하는 것은 타당할까. 그에 따라 강의를 적게 받은 사람과 많이 받은 사람의 편차는 어느 정도까지 허용 가능하며, 최소한 보장받아야 할 강의 시간은 몇 시간일까. 그리고 외부 홍보와 시설 개선 등을 통해 학생들을 더 많이 모집하려 애써야 할 학교 측의 책임은 어디에 있는가. 불만을 품은 사람들의 전화가 빗발쳤다. B는 그중 한 사람이었다.

B는 대뜸 물었다. 노동조합은 강의평가 결과에 따른 강의 배정에 동의하신 건가요. 아니요, 원장 면담을 가졌고, 강의 배정의 기준을 공개하고 노동조합의 의견을 반영하여 수정하도록 요구했습니다. B는 내 말을 믿지 않았다. 노동조합이 동의하지 않고선 학교가 마음대로 이런저런 행동을 취하지 못할 거라고 생각합니다. 최 선생님은 원장의 방침에 동의하지 않는다고 일전에 얘기하신 적이 있잖아요. 그의 말에는 깊은 분노와 배신감이 느껴

진다. 그는 마치 노동조합에게 학교 측을 막아 세울 힘이 당연히 있다고 여기는 것 같다.

사측을 저지하는 힘을 가진 노동조합도 있지만, 적어도 그 힘은 당연하게 주어지지 않는다. 내가 아는 많은 노동조합은 한 줌의 힘을 얻기 위해 비를 맞고 길 위에서 자고 단식을 한다. 지금껏 나는 노동조합을 무시하는 학교 측의 태도에 무력함을 느껴 왔다. 힘을 키우기까지는 긴 시간과 많은 지혜가 필요할 것이다.

학교 측의 운영 방침을 저지할 힘이 아직 없다는 말을 이미 여러 번 했고, 지금껏 B는 내 말을 받아들이지 못했다. 이런 막막한 생각 차이는 어째서 벌어지는 걸까. 학교 측의 방침에 불만이 있으면서 왜 노동조합을 비난하는 걸까. 우리 조합이 무력하여 실패했을 때, 우리는 능력의 부족함뿐만 아니라 정의롭지 못하다는 이유로 비난을 당하게 될 것이다. 막막한 일이다.

분한 마음이 들어 맥주를 사 들고 집으로 돌아온다. B는 조합원이 아니다. "우리 조합이 학교 측을 견제할 수 있는 힘을 가질 수 있게 노조가입원서를 내 주세요."라고 말할 걸 그랬다.

# 2019년 9월 5일

고려대에서 대학노조 임시대의원대회가 열렸다.

우리 어학당은 조합원 수가 많아 대의원 2명이 배정되었다. 같이 갈 사람을 찾았으나 좀처럼 나오지 않아 혼자 갈 작정이었는데 L이 연락을 보냈다.

같이 갈 사람이 없으면 저라도 괜찮을까요. 어디로 가야 하나요.

무리하실 필요는 없어요.

아닙니다.

알겠어요. 마음 써 주셔서 감사해요.

대의원대회는 중요한 의사 결정이 내려지는 곳이니 더 많은 사람이 자리를 차지해 앉아야 한다. 그러나 그 일을 해 줄 사람을 찾기가 쉽지 않다.

우리는 대의원대회를 마친 후에 근처 카페에서 차를 마셨다. 어떠셨나요. 글쎄요, 무겁네요. 그렇군요.

그나저나 함께해 주셔서 감사해요.

감사하긴요. 최 선생님 혼자 보내고 싶지 않아서요.

## 2019년 9월 6일

가을비가 내렸다. 퇴근 후에 동네 친구들이 치맥 한잔 하자고 연락을 해 와서 망원시장 근처 치킨집 에서 만났다. 양념과 후라이드 반반에 생맥주를 마신다. 해가 짧아지고, 여름 열기가 옅어지고, 바람도 서늘해진다. 맥주를 마시고 나면 함께 한강을 산책하기로 했다.

조합원 P에게서 전화가 왔다. 나는 전화를 받고 싶지 않지만, 받아야 한다는 생각도 떨치지 못했다. 치킨집의 차양막 아래에 서서 비를 바라보며 전화를 받았다. P는 드릴 말씀이 있어서요, 라며 말문을 열었다. 그는 우리 어학당의 임금 체계가 근본적으로 잘못되었다고 주장한다. 아마도 오래 고민한 끝에 내린 결론일 것이다. 그에 따르면, 어학당 강사들도 정규직 직원처럼 오전 9시부터 저녁 6시까지 어학당에 머물러 일해야 하며 그에 합당한 안정적 보상을 요구해야 한다는 것이다. 한편 우리 어학당에는 오전 수업만 마치고 바로 어린 자녀를 돌보러 부리나케 집으로 돌아가야 하는 강사들도 있다. 그런 분들은 어떻게 해야 할까요. 그는 대답한다. 투 트랙으로 가는 수밖에 없어요. 그런 분들은 시간의 자유를 누리는 만큼 안정된 보상을 받지 못할 수도 있지요. 그건 자연스러운 일입니다.

나는 P의 제안이 타당하다고 여긴다. 하지만 동시에, 무언가가 타당하다는 감각이란 별로 중요하지 않다고도 여긴다. 사울 알린스키는 "사안으로부터 멀리 떨어져 있는 사람일수록 당위를 논한다."라고 지적했다. 무엇이 옳은지를 말하는 것은 쉽지만 실제로 그 길을 걸어가고 그 일을 되게 하는 사람은 당위를 넘어선 결단을 내리기도 한다는 것이다. 그리고 노동조합 지부장으로서 나는 조합원들의 노동 조건을 개선할 수도, 악화시킬 수도 있는 당사자다. 당위도 중요하지만, 전부는 아니다.

나는 P에게, 같은 생각을 가진 분들을 여럿 모아서 오세요, 그러면 고민해 보겠습니다, 라고 답했다. 생각이 다른 분들이 많다면 대화하고 설득해서 데려오세요. 본인이 생각하기에 타당한 제안을 다른 조합원들과 공유하면서 여론을 만들지 않고 지부장에게 바로 전달하는 것이 무성의하다고 느꼈다.

그리고 나는 친구들과의 즐거운 식사 도중에 이런 연락을 받는 게 싫다. 맥주를 여러 잔 마셔서 취하기도 했다. P는 원하는 대답을 얻지 못한 채로 전화를 끊었고, 나는 죄책감을 느꼈다. 이런 점 때문에 나는 좋은 지부장이 되지 못하는 것이리라.

# 2019년 10월 7일

고척에 가서 야구 봤다.

히어로즈와 트윈스의 준플레이오프 2차전이 열리는 날이었다. 응원하는 팀이 가을야구를 한다는 건 기분 좋은 일이다. 열혈 팬으로서 야구장에서만큼 신나게 소리 지르고 춤을 출 곳이 없다.

야구장에는 숫자가 가득한데 이 점도 좋다. 전광판에 적힌 타율, 안타 수, 출루율, 방어율, 투구 수 등등을 바라보고 있으면 자신의 기록이 매 순간 노출되는 야구 선수의 삶도 여간 힘들어 보이는 게 아니다. 하지만 노동조합에 관한 일은 적어도 나에게는 모호하기 그지없어서, 저렇게 숫자로 명확히 표현되는 것이 부럽다. 우리 조합은 어느 정도의 투쟁력을, 행정력을, 정치력을 갖고 있을까. 지금 우리는 이기는 중인가, 지는 중인가. 알고 싶은데 모를 때가 많다.

팽팽한 경기였다. 히어로즈는 내내 끌려다니다가 9회말에 서건창이 동점 안타를 쳤고, 10회말에 역전해서 5대4로 끝내기승. 기뻤다. 어제 경기도 대단했는데. 이제 푹 쉬고 한글날 집회 준비를 해야 한다.

# 2019년 11월 2일

지부장님, 저 사실 노조 가입 생각 없었어요. 아직도 긴가민가 합니다.

# 2019년 11월 18일

조합원들 대상으로 실시한 첫 번째 설문조사 결과가 나왔다. 대략 이렇다.

1. "가족이나 친구가 한국어 강사로 일하기를 원한다면 지원하겠다.": 아니다(67.9%)

2. "가족이나 친구가 연세대 어학당에서 일하기를 원한다면 지원하겠다.": 아니다(70%)

3. "어학당은 나의 역량을 향상시키기 위해 애쓰고 있다." : 아니다 (77%)

4. "나는 우리 어학당의 복지에 대해 이렇게 생각한다.": 불만족(91%)

5. "나는 우리 어학당의 급여에 대해 이렇게 생각한다. : 불만족(97%)

6. "2018년도 한 해 연봉은 얼마였습니까?":

2264만원.

7. "어학당의 임금 수준이 일상 생활을 영위하는 데 넉넉하다고 생각하십니까?": 아니다(97%)

8. "넉넉하지 않다면 필요한 생계비를 어떻게 채우고 있습니까?": 가족에게 의존한다(57%), 지출을 줄인다(26%), 빚을 낸다(9%), 아르바이트를 한다(3%), 기타(전 직장에서 번 돈으로, 등).

# 2019년 11월 20일

센터장에게서 오후 네 시에 잠깐 보자고 연락이 왔다. 그의 연구실에 가자, 잠시만 기다려 주세요, 라고는 문을 바라본다. 잠시 후에 비조합원 강사 S가 들어왔다.

센터장은 비로소 입을 열었다. 오늘 드릴 말씀은 조합원과 비조합원 모두에게 중요한 사안이라 같이 모셨습니다. 그는 어학당 원장이 강의 배정 기준을 세우는 일에 관심이 많다고 했다. 원장이 생각하기에 합리적 방안은 강의평가 점수를 기준으로 하는 것인데 이에 대해 강사들의 의견을 듣고 싶다는 것이었다.

S는 힘찬 목소리로 말했다. 이런 결정을 할 때 노동조합의 의견만 들어선 안되고 비조합원이 불

이익을 당해선 안 됩니다, 저희 의견도 듣겠다 해
주셔서 먼저 감사드립니다. 그제야 나는 뭔가 잘못
되었다는 감정을 갖게 된다. 비조합원들은 의사를
하나로 모아 대표자에게 위임한 적이 없고, 노동조
합은 조합원들에 의해 나를 대표자로 뽑았다. 그리
고 노동조합은 지난한 갈등을 거쳐 가면서 하나의
안을 마련할 것이다. 반면에 비조합원들은 제각기
다른 의견을 갖고 있고, 노동조합이 정리된 요구안
을 제시했을 때 학교 측은 난색을 표하면서 이렇게
말할 것이다. 반대하는 사람들도 있어서 말입니다.
저희는 비조합원들도 고려해야 하지 않습니까. 나
는 이런 상황이 부당하다고 여겨진다.[1]

센터장은 말한다. 오늘 결정을 내리겠다는 건
아닙니다. 의견 수렴을 부탁드리려고 모셨습니다.
센터장의 연구실을 나오자 조합원과 비조합원이
무슨 대화를 나눴는지 물어 왔다. 사실대로 답하자
조합원은 어떻게 지부장님을 비조합원 대표와 나
란히 놓을 수 있어요, 라며 불쾌해하고, 비조합원
은 무슨 소리예요, 우린 S를 비조합원 대표로 선정

---

1   민주적 조직의 의사결정은 만장일치일 경우에도, 만장일치가
    아닐 경우에도 비난받기 십상이다. 만장일치라면 '공산당 짓'이
    라면서. 만장일치가 아니라면 '대표성이 없다'면서.

한 적이 없는걸요, 라며 의아해한다.

결심했다. 학교 측 인물을 만나야 할 때는 만남의 장소와 시간, 참석 인물을 내가 먼저 결정할 것이다. 안건도 미리 정해 두어야 한다. 학교 측이 아무렇게나 면담을 요청할 때는 설사 일정이 비어 있더라도 거절하는 연습을 해야 하고 조합원들에게도 이런 모습을 보여 주어야 한다.

원장 면담을 했다. 면담 목적은 열흘 전에 실시한 조합원 대상 설문조사 결과를 공유하는 것이다. 노동 현장으로서 연세대 어학당은 어느 수준에 와 있는지를 원장도 알고 있어야 하기 때문이다.

우리는 함께 학교 근처 식당에서 저녁을 먹으면서 이야기를 나눈다. 원장은 친절하게 귀 기울여 듣는 것 같지만 그의 말 끝에는 불쾌한 뒷말이 있다. 내가 연세대 졸업생이라는 걸 알고는 본인이 가르쳤던 학생들 중 하나로 여긴다든지, 너스레를 떨면서 슬쩍 반말을 섞는다든지, 많이 힘들 줄 안다면서 안쓰러워하고 위로하려 한다든지. 그리고 이렇게 덧붙이는 것이다. 강사들이 다들 제각각이라 말 잘 안 듣지요, 저도 압니다.

나는 되묻는다. 혹시 교수 노조에 가입하셨나요. 아니라면 아마 잘 모르시겠지요, 목소리가 다양하다는 게 노동조합의 장점입니다.

어학당 안에서 노동조합도, 지부장이라는 지위도 처음 생겼으니 지부장이 뭐 하는 사람이며 지부장을 어떻게 대해야 할지를 아무도 모른다. 일단 사측은 자기들의 하부 조직이며 아랫사람이라고 여긴다. 그런 탓에 원장은, 앞으로는 이리저리할 생각이니 조합원들에게 전해 주세요, 라고 부탁하고 지부장은, 그건 원장님이 직접 공지하세요, 저는 그런 일 하는 사람이 아닙니다, 라고 되받는다. 원장은 조합원들한테서 다른 시끄러운 말 안 나오게 잘 좀 부탁드립니다, 라며 당부하고, 나는 지부장은 원장님 말씀대로 조합원들 입 단속하는 사람이 아닙니다, 다른 의견들이 원장님께 전해지면 그건 그냥 알아서 하세요, 라고 답한다.

지부장의 역할에 대한 공통의 인식이 없는 상황에서 나는 위엄을 지키는 일을 목표로 삼기로 한다. 일단 언어를 바꾸기로 작정하는데(언어를 가르치는 직업이라 이럴 것이다.) 예컨대 학교 측의 잘못을 설명할 때 '감히'를 덧붙이는 식이다. 중간관리자 아무개가 '감히' 내 말을 끊었다, 원장이 '감히'

인사를 안 받았다, 팀장이 '감히' 약속 시간을 마음대로 바꿨다, 이렇게. 그 밖에도 도움이 되는 단어들로는 '건방지다', '무례하다', '경우 없다' 등.

어머니의 메시지: 미안하다. 영화 '벌새' 보고 너한테 꼭 이 말 하려고 했었는데 자꾸 깜빡했다. 너 어릴 적에 크느라 고생하는 줄 모르고 엄마는 나 힘든 것만 생각했다. 엄마는 정말 몰랐다. 요즘 엄마는 교복 입은 아이들 표정이 어두운 걸 보면 그렇게 눈물이 난다. 지금 너는 어떤 표정이니.

# 2019년 12월 15일

『계획된 불평등』을 읽었다. 2차 대전 당시 영국의 과학기술자들이 전쟁의 승리를 위해 애썼던 모습은 영화에서 때때로 보았는데, 그 이후의 이야기를 자세히 들을 수 있어서 좋았다. 암호해독 작전에서 활약했던 여성 과학기술자들이 전쟁 이후에 어떻게 버려졌는지, 컴퓨터의 발전은 남성이 주도해야 한다는 생각, 여성의 역할은 단순반복 노동으로 제한되는 현실. 그리고 여성의 저임금과 직급 제한은 어떻게 정당화되었는지, 결과적으로 이런 상황이 어떻게 영국 컴퓨터 산업의 몰락을 초래했는지를 자세히 기록했다.

노동조합 일을 시작한 후로 노동 문제에 관련된 책을 예전보다 자주 찾게 된다. 소외된 노동들에 대해 더 공부하고 싶다. 노동 문제를 산업 전반의 미래와 연결 지어 볼 수 있는 넓은 시야도 갖고 싶다. 학교 측에선 때때로 언어 교육의 기계화 가능성을 내비치는데, 언어 교육의 미래가 어떠해야 할지에 대해 꿈을 품은 사람이 되고 싶다.

"아무리 혁신적인 기술이라 할지라도, 채택 속도와 확산 속도에 대한 제약과 이에 따른 인력 수요는 항상 고려되어야 한다. 기술 혁신은 진공 속에 존재하는 것이 아니라 복잡한 사회 시스템의 한 요소일 뿐이다."
— 1979년, 영국 컴퓨터 부문 작업반 인력 분과 위원회

# 2019년 12월 18일

노조 사무실에서 어학당 전임강사와 교학부장을 면담한다.

전임강사들은 어학당에서 진행하는 연구 프로젝트를 책임진다. 프로젝트에는 어학당 강사들이 연구원으로 참여하는데, 책임자인 전임강사들이 갑질을 하는 사례들이 어학당 지부의 민원·고발 메일함에 종종 들어온다. 이번에도 연구 책임자인 전임강사가 조합원에게 부당한 업무 지시를 내렸다는 고발이 제기되었다.

교학부장에게 해당 사실을 알리자 그는 고발한 사람을 직접 만나 봐야겠다고 요구하고, 조합으로선 당사자를 공개할 수 없다고 나서고, 그러면 교학부장은 진실성이 의심된다며 외면한다. 고발

자를 공개하라고 요구하는 것이 또 다른 폭력이라고 알려 주지만 같은 일이 반복되는 걸 보면 아마 잘 받아들이지 못하는 모양이다. 원장에게도 해당 사실을 알리고, 결국 나와 교학부장 그리고 연구 책임자인 전임강사가 오늘 만나기로 한 것이다.

자신의 연구실에서 만나자기에 노조 사무실로 오라고 했다. 면담할 때는 만나는 시간과 장소, 형식을 내가 원하는 대로 요구하는 것이 좋다.

교학부장은 나와 전임강사에게 번갈아 질문한다. 나는 공격하고, 전임강사는 방어하고. 한참의 이야기가 마무리되자 교학부장은 말한다. 양쪽 이야기를 잘 들었으니 정리해서 원장님께 보고하겠습니다. 나는 발끈한다. 부장님은 우리 두 사람의 객관적인 중재자가 아닙니다, 학교 측 입장에서 보고를 하실 테니 저로서는 조합원 입장에서 상황을 정리해서 알려야 합니다. 우리 두 사람은 실랑이를 벌이고, 결국 부장이 포기한다. 그러시든가요.

두 사람이 떠나고 나는 노조 사무실에 남아 피해자 조합원과 상황을 공유하고 향후 대책을 논의한다. 이야기를 마친 후에 3층 강사실로 올라가자 아까 노조 사무실에서 자기 입장을 변호하던 전임강사를 마주친다. 보자마자 먼저 말을 건넸다. 고생 많으셨습니다. 그가 한숨을 쉬면서 대답한다. 지부장님, 왜 노조는 저만 미워하나요.

아, 저렇게 생각하는구나. 하지만 당신은 저희가 미워하고 자시고 할 만한 상대가 못 됩니다, 피해 의식은 스스로 해결하세요. 못되게 말하고 싶다가 참는다. 그럴 리가요, 미워하지 않습니다. 사실이 그렇다.

# 2019년 12월 27일

6개월 전 지부 창립식을 마치고 식사하러 옮긴 자리에서 대학노조 서울본부의 간부 K가 말했다. 최지부장, 임기 동안 조합원들 하나하나와 술이나 식사 자리를 갖는 걸 목표로 삼는 건 어떤가요. 나는 K의 말이 일리 있다고 여겨 한번 해 보기로 했다. 원칙도 세운다. 먼저, 종종 식사하던 친한 동료들과의 식사 자리는 줄이기로 한다. 대신에 다양한 조합원들과 무작위로 식사 자리를 갖기로 한다.

조합원들에게 무슨 메시지를 전하고 싶은가 하면, 실은 없다. 조합원들이 무슨 마음으로 노동조합에 가입했는지가 궁금했고, 앞으로 어떤 방향으로 나아가길 바라는지 듣고 싶다. 그래서 이런 이야기를 듣는다.

#1 행사팀에서 일한 적이 있어요. 일요일 밤에 갑자기 아이가 아파서 병원에 데려갔답니다. 아무래도 월요일까지 지켜봐야 할 것 같아서 강의를 쉬고 병원에 머물 작정이었는데, 월요일에 행사 관련한 회의가 있었어요. 행사 책임자에게 회의 불참을 알렸는데 짜증을 내더라고요. 무책임한 거 아니냐고. 얘기를 나누다가 결국 월요일에 강의도 하고 회의도 참석하기 위해 출근을 하기로 했습니다. 어머니께 연락해서 아이를 좀 봐 달라고 하고요. 그리 중요하지도 않은 회의를 하는 동안 내내 아이의 모습이 떠올랐어요. 책임자에게 화가 났나 하면, 전혀 아니었습니다. 그럴 만한 일인 줄도 몰랐어요. 그런데 노조가 생기고, 이제 비로소 화가 납니다.

#2 지부장님은 몇 학번인가요. 제가 대학에 다닐 때는 민주화 운동이 한창이었습니다. 1987년 6월 항쟁 같은 민주화 운동을 배울 때 자칫하면 그 당시 대학생들은 다들 시위에 나간 것처럼 착각하기 십상이지만 그렇지 않아요. 도서관 밖에서 학생들 끌려가는 소리, 사복경찰들 고함치는 소리가 들려도 모른 척하고 책에 코 박던 대학생들 또한 상당수였습니다.

저는 도서관 안에 머물던 학생 중 하나였습니다. 우리들도 둘로 나눌 수 있을 것 같아요. 한쪽엔 정부의 말을 그대로 받아들이고 시위대를 비난하거나 또는 공부를 못해서 시위에 참가한다며 한심해하는 학생들. 다른 한쪽엔 민주화 투쟁에 나섰다가 끌려 나가는 학우들에게 부채감과 무력감, 죄책감을 느끼는 학생들. 저는 아마 후자였던 것 같습니다.

우리 어학당에 노동조합이 생겼고 제가 노동조합에서 직책을 맡았다고 가족들에게 말하면요. 남편은 웬일이냐고 하고요, 첫째는 엄마가 그렇게 싸울 줄도 아느냐고 하고요, 막내는 노동조합이 뭔지 잘 모르겠다는 눈치입니다. 저 개인적으로는 그 30년 전에 느꼈던 부채감을 덜고 싶은 심정이에요. 그럴 수 있을지 모르겠지만, 뭐라도 해 보고 싶어서요.


#3 노동조합 전에는 강사협의회가 있었잖아요. 솔직히 저는 의미 없다고 생각했었어요. 강사들의 협의체라고 해도 할 수 있는 일이 딱히 없잖아요. 민원이나 고충을 정리해서 학교 측에 전달해 봤자 그쪽에서들 무시해 버리면 그만 아닌가요. 결

국엔 그냥 교실에 뭐가 고장이라도 나면 학교에 알려서 수리 요청하는 정도. 학교는 강사들의 의견에 귀 기울인다고 생색이나 내겠지요. 그건 그냥 우리를 깔보는 거예요.

제가 노조에 가입한 건요, 이제 비로소 제대로 싸워 볼 수 있다고 생각했기 때문이에요. 학교 측도 강사들을 예전처럼 마냥 무시하지 못하잖아요. 적어도 뭔가 공기가 달라졌다는 느낌이 있습니다. 저는 그 변화가 뜻깊다고 생각해요.


#4 한창 노동조합 가입 원서를 받을 때, A가 저에게 물어봤어요. 너도 노조 가입할 거냐고. 그땐 별생각 없어서 대충 대답했는데 A가 그러더라고요. 너 지금 박사 논문 쓰고 있는데 노조 가입해도 되겠냐고요. 우리 어학당 강사들 중엔 학위 과정 중인 사람들이 많고, 논문을 지도하는 교수들은 우리 어학당의 중간관리자들과 다들 건너건너 아는 사이잖아요. 그러니까 노조 가입했다는 이유로 불이익을 당하면 어떡하냐는 거였어요.

(아, 이런 얘기를 지부장님 앞에서 해도 될까요. 갑자기 미안하네요.)

(괜찮습니다.)

A의 말을 들으니 갑자기 화가 났어요. 그리고 노조에 가입해야겠다는 생각이 더 굳어졌습니다. 노조 가입을 이유로 불이익을 주는 교수라면, 저는 그런 사람을 선생으로 인정하지 않겠습니다. 지부장님도 그렇잖아요. 우리가 어떻게 우리 학생들에게 작정하고 불이익을 주겠어요.

2부          2020년

# 2020년 1월 19일

강의 배정 일로 조합원 면담이 있었다. 어학당 원
장이 강의 시간 배정의 기준을 제시하라고 노조에
요구한 일이 있어 조합원들 사이에서 뜨거운 감자
가 되고 있다.

어학당 강사는 시급에 강의 시간을 곱하여 급
여를 받는다. 시급이 올라도 강의 시간이 줄면 급
여가 삭감되는 것이다. 지금까지 우리 어학당은 강
의 시간이 많은 편이었는데 팬데믹 탓에 외국인 학
생들의 수가 줄어들어 전체 강의 시간도 함께 줄어
들었다. 그러다 보니 강사들 개개인의 강의 시간도
줄어 급여가 절반 가까이 감소한 것이다.

조합원들 몇몇이 면담을 신청하여 나에게 자
신들의 의견을 관철시키고자 해 왔다. 주로 경력이

오랜 선배들이었는데, 오늘 오신 분들은 강의 시간 배정에 경력이 반영되어야 한다고 주장하셨다. 경력이 길수록 강의를 많이 받는 게 마땅하며, 다들 해마다 경력이 늘어날 테니 신입 강사도 손해 볼 게 없다는 것이었다. 아무개는, 신입 강사들은 시급이 낮으니 학교로서도 '시급이 싼 애들'한테 강의를 많이 주고 싶어하지 않겠느냐, 그걸 막으려면 경력 대우를 해 줘야 한다고 주장하기도 한다.

그럴듯한 말이지만 누군가에게 강의를 많이 배정한다는 것은 다른 누군가가 강의를 적게 한다는 뜻이다. 요컨대 강의 시간 배정은 조합원들 간의 손실과 이익을 상대적으로 조정하는 일이다. 경력을 기준으로 삼으면 저연차 강사들이 당연히 피해를 보게 된다. 저연차 강사들의 피해를 방지할 안전장치가 마련된 후에야 경력을 고려한 강의 배정을 실시하는 것이 옳다. 경력에 대한 대우는 학교기관이 나설 일이지 조합원들 간의 지분 다툼으로 해결되어선 안 된다.

면담을 오신 조합원에게는 우리 조합의 단체교섭 요구안에 장기근속수당 항목을 신설하는 것으로 설득했다. 그리고 전체 조합원들에겐 '최소 강의 시간 보장'을 요구하여 최소한의 급여가 확보되도록 학교 측에 요구하자고 설득할 것이다. 두 시간 가까이 이야기를 나눈 후에 조합원은 진정하여 돌아갔다.

밖에서는 똘똘 뭉쳐 지낸다고 보이기도 하는데, 사람들이 나뉘어 서로 오해하고 대립하는 일은 노동조합에도 있다. 실은 더 흔하지 않나 싶다. 조합은 수면 아래에 있던 갈등을 공론의 장으로 끌어올리는 역할을 하기 때문이다. 어학당 지부에도 당연히 갈등이 있고 쉽게 사라지지 않을 것이다. 다만 구성원들이 평등한 조건에서 갈등을 함께 다룰 수 있다는 점이 노동조합의 장점이다. 출신 학교나 경력, 재력 등과 무관하게 모두 조합원으로서 대등한 권리를 보장받았으니까. 그리고 그 갈등을 다루는 일이 매우 피곤하며 끝도 안 보인다는 게 노동조합 활동의 크나큰 곤란함이다. 적어도 나에게는 그렇다.[2]

---

[2]  현재 한국어 교육 업계의 가장 시급한 문제는 무기계약직 강사와 단기계약직 강사 사이의 격차가 점점 벌어지고 있다는 점이다. 단기계약직은 고용 불안 탓에 노동조합 활동에도 어려움을 겪는다. 노동조합에 속한 무기계약직 강사들로서는 어떻게 단기계약직 강사들과 연대해 나갈 것인가가 숙제로 남아 있다.

# 2020년 1월 29일

학생이 카톡을 보냈다.

선생님, 마스크를 샀어요?

세 개 있어요.

저는 KF94 마스크가 있어요.

(잠시 침묵)

15개 마스크가 있는데 필요하면 선생님에게 드릴
수 있어요.

괜찮아요. 하지만 ×× 씨의 고마운 마음을 잊지 않
을게요.

괜찮아요~ㅋㅋㅋ

외국인 학생들이 마스크 구하기가 얼마나 힘

든지 잘 알고 있다. 한국어 발음으로 외국인인 것이 티가 날까 봐 오프라인으로 마스크를 사지 못하고 온라인에서만 찾고 있는 학생들이 있다. 미안했다. 나에겐 여력이 없는데 다정한 말들로 하루하루 살아 내고 있다고 생각했다.

# 2020년 2월 20일

2019년 겨울학기가 끝나는 날이다. 2급 학생들과 헤어졌다. 오프라인으로 한국어를 가르친 마지막 학기이고, 앞으로는 한동안 모니터로 학생들을 만나게 될 것이다. 마지막 시간이라 학생들과 기념사진을 찍었다. 우리 마스크를 잠깐 벗고 찍을까요, 하는데 머뭇거리는 학생들이 많았다.

학생들은 내가 노동조합 일을 하는 줄을 모른다. 4급 수업이라면 수업 시간에 털어놓았을지도 모른다. 시사 문제에 대해 이야기할 기회가 많기 때문이다. 하지만 2급에서는 낯선 언어로 친교를 쌓아 가기 위한 한국어를 가르친다. 그러므로 우리는 서로의 일상에 대해 나누었다.

중국에서 온 L군은 아버지의 출소를 기다리고

있었다. L의 중학생 시절에 감옥에 갔고, L은 어머니를 돌봐야 한다는 마음으로 고등학생 시절을 살았다. 4년이 지난 후에야 아버지의 출소가 다가왔고, L은 고향으로 돌아가서 아버지를 맞이할 작정이었지만, 교도소에서 코로나 바이러스 확진자가 나오면서 출소가 무기한 연기되었다. L은 수업 시간에 어머니로부터 이 소식을 접하고선 엉엉 울어 버렸다.

K군은 고향에서 마스크를 구해 달라는 부탁을 받았다. 코로나 바이러스가 확산되면서 마스크 구하기가 힘들어졌던 탓이다. 그러나 한국에서도 마스크 구하기는 힘들었고, 이렇다면 국내인과 외국인의 구별이 심해지고, 외국인에 대한 마스크 판매가 부당하게 여겨지기 십상이다. K는 고향에 계신 부모님의 부탁을 받고서 정신이 아득했는데, 그가 약국에 가서 마스크를 사려 한다면 외국인이라는 게 명백히 드러나기 때문이다. 언어를 통해 (또는 그 무엇으로든) 자신의 정체성이 드러나는 순간을 두려워하는 마음이야 이해하고도 남는다. K의 부탁을 받아 우리 둘은 수업 시간이 끝난 후에도 약국에서 마스크를 구입하는 상황을 오랫동안 연습했다.

마지막 수업 시간에 학생들을 교실 앞으로 불러내어 함께 기념사진을 찍었다. 학생들을 바라볼 때, '우리는 재난 상황을 함께 겪어 가고 있다'라는 인식이 나에게 특별한 동지애를 선사한다. 하지만 동시에 나는 노동조합 활동에 시간을 할애하는 만큼 예전만큼 수업 준비를 하지 못했다는 미안함이 있다. 이번 학기의 어느 날에는 유사 문법의 의미 설명을 빼먹기도 했고, 학생들의 가족 구성과 고국에서의 직업을 헷갈리는 일도 더러 있었다. 그때마다 부끄러웠다. 수업을 절반으로 줄이고, 그로 인해 수입이 줄어든 만큼 지부로부터 일정 금액의 생활비를 보전받기로 했지만, 그렇다고 해서 줄어든 수업에 충분히 집중할 수 있는 것은 아니었다. 생활비가 예전 수준을 유지할 수 있는 것도 아니었다.

　　학생들을 돌려보낸 후에 강사실로 돌아오는데 동료 강사 T가 인사를 건넸다. 방학 잘 보내세요. 무심코 인사를 받았지만 나에게 앞으로도 방학이 있을지 잘 모르겠다.

## 2020년 5월 1일

노동절 집회가 있는 날이다. 엊저녁에 챙겨서 퇴
근한 우리 지부의 깃발을 들고 집결지로 이동한다.
깃발은 민주노총에 가입하고 얼마 후에 지급받았
다. 집행부 회계에게 부탁해서 깃봉도 하나 주문했
다. 깃발을 걸 수 있게 고리와 벨크로가 달려 있고,
무게도 가볍다.

깃발을 지급받았던 날에 지부장 직인도 함께
받았다. 지부 사무실에서 택배를 뜯고 깃발을 펼쳐
보았고, 강사실에 올라가 인주를 빌린 후에 직인을
찍어 보았다. 내가 깃발과 직인을 쥔 적이 있었나.
이 두 개의 물건은 어쩐지 가슴 설레게 하는 데가
있다고 생각했다. 한편으로 두렵기도 하다.

오늘 노동절 집회에는 일행이 두 사람 있다.

제가 어딜 가든지 혼자 가지 않게 해 주세요, 하고 부탁했는데 기꺼이 응해 주셨다. 고마웠다. 집회 참가가 익숙하지 않은 사람의 손을 잡고, 그것도 쉬는 날에 행진에 나서는 일이 얼마나 힘든지. 혼자 집회에 참석할 적에는 쓸쓸하고, 원망스럽고, 지부 운영이 염려스럽고, 그랬다.

　일행이 셋이니 한 명은 깃발을 들고 나머지 두 명은 현수막을 들고 행진하기로 한다. 바람이 심할수록 깃발이 무거워진다. 내가 깃발을 들 것이다. 날씨가 흐리다. 대학노조 조직부장이 비옷을 나눠 주었다. 행진 출발 전부터 빗방울이 떨어지기 시작했다. 행진 도중에 마포대교를 건널 텐데 다리 위에선 바람이 엄청나니 조심하라고 당부하는 분들이 있다. 비옷 위로 백팩을 메고 있었는데 그래선 안 된다기에 비옷을 벗어 백팩을 고쳐 메고 그 위로 다시 비옷을 입었다.

　행진은 오후 다섯 시 경에 공덕역 부근에서 끝난다. 대학노조 간부들이 모여 식사를 하자고 하는데 어쩐지 끼고 싶지 않아 슬쩍 몸을 빼고 일행 셋이 모였다. 하나는 아이를 챙겨야 해서 먼저 보내고, 남은 둘은 근처에서 국밥 한 그릇 먹는다. 선지해장국과 순대국밥. 돼지 수육도 먹는다. 소주도 마신다. 비를 맞아 몸이 추워져서 그런지 둘 다 금방 취했다. 뭔가 알 수 없는 이유로 토론을 하고, 언성을 높이기도 하다가, 어느새 시무룩해져서 말 없이 국물을 마시기도 한다. 이대로 헤어지기 아쉬워서 바로 곁에 있는 맥주집에서 생맥주와 마른 안주를 주문했다. 건배하고 한두 모금 마시더니 상대는 테이블에 엎드려서 쿨쿨 자기 시작했다. 나는 그를 바라보면서 맥주를 마셨다. 혼자 남았다는 기분이 들자 비로소 오늘 하루가 매우 길게 느껴졌다. 오늘 너무 많이 걸었고, 너무 많은 사람을 만났고, 술을 너무 많이 마셨다. 어느새 시간은 자정에 가까워졌다. 상대를 깨우고, 집에 갈 수 있는 상태인지 확인한 후에 우리는 각자의 집으로 돌아갔다.

다음 날 아침, 나는 깃대를 잃어버렸다는 것을 깨달았다. 깃발은 가방 안에 들어 있는 걸 확인하고 얼마나 마음이 놓였는지, 그리고 깃대를 잃어버린 나 자신이 얼마나 한심한지. 술집에 다시 가 보았지만 찾지 못했다. 결국 깃대를 다시 주문하기로 했다. 이번엔 깃봉으로 주문하지 않고, 다른 지부들과 마찬가지로 낚싯대를 활용하기로 했다. 가볍고 튼튼하다. 무엇보다도 탄성이 좋아 어제처럼 바람이 심한 날에 어깨가 덜 아프고 접었다 폈다 하기에도 좋다.

# 2020년 5월 11일

평택대에 갔다. 대학노조 대의원대회가 있었기 때문이다. 전국에 있는 민주노총 소속 대학노조의 대의원들이 모여 지난해 사업 평가와 이듬해 사업 계획을 의결하고 임원을 선출할 것이다. 대의원대회는 각 지부의 대표자들이 모이는 자리인데, 각 지부의 지부장들 그리고 조합원 수에 따라 지부에 두어 명이 더 대의원으로 배정되기도 한다.

　대의원대회 장소로 평택대가 지정된 것은 이곳에서 투쟁이 한창이기 때문이다. 대학에 입학할 학생 수가 줄어들면서 지방대학부터 경영 위기가 심해졌다. 먼 곳의 이야기가 아니라 수도권, 더러 서울 안에서도 벌어지는 일들이다. 어학당 강사들 사이에선 "그래도 교직원들은 살 만하지 않나." 하는 말들이 공공연하지만 꼭 그렇지도 않다. 최저임금에 못 미치는 임금을 받기도 하고, 더러 임금이 체불 중인 대학도 있다. 평택대 사정도 크게 다르지 않다.

집회에는 반가운 얼굴들이 있다. 사무처 직원들과 악수를 하고 타 대학의 지부장들과도 얼굴을 익힌다. 다른 지부장들은 모두 대학 직원이고 나는 이 중에서 유일하게 한국어강사 출신 지부장이다. 어색하다고 생각한다. 더구나 대학의 직원과 교원 사이에는 알 듯 말 듯한 긴장 관계가 있는 모양이고, 이들이 보기에 나는 한국어 '강사'이니 자연히 '교원'으로 분류된다. 반가운 얼굴들을 보는 와중에 개밥의 도토리가 된 기분을 느끼기도 한다.

그 이질감은 이렇게 나타난다.

대의원대회가 잠시 정회하고 바깥 공기를 쐬러 나가는데 모 대학의 지부장 B가 명함을 들고 나를 찾아온다. 안녕하세요, 처음 뵙겠습니다, 저는 ○○○입니다, 연대 어학당 지부장이시지요. 그가 일하는 대학에도 한국어학당이 있다는 걸 안다. 나는 그에게 한국어 교육 노동자들의 문제에 관심 좀 가져 달라고 부탁한다. 그곳 강사들도 저희처럼 노조에 가입할 수 있도록 챙겨 주세요.

그는 말한다. 네, 저희 대학에도 한국어강사들이 있습니다. 그런데 말입니다, 연세대의 강사들은 무기계약직인가요, 저희 대학의 한국어강사들은 단기계약직입니다. 그의 말은 대학노조 가입 대상이 아니라는 속마음을 드러낸다. 그러곤 쓸데없는 말을 덧붙인다. 제가 저희 대학의 한국어강사 노무 담당자였습니다, 그리고 한국어강사들이 무기계약직으로 전환되지 않도록 강의 시간을 낮췄지요. 그는 내 비판을 예상하는 듯이 덧붙인다. 대신 시급을 높여드렸다고요, 강사들의 동의도 얻었습니다.

같은 노동조합 안에서도 정규직과 비정규직, 무기계약직과 단기계약직의 구분이 있다. 대개의 어학당에서는 대학 직원들이 한국어 강사의 노무 관리자 역할을 맡는다. 그러니 한국어 강사에게 대학 직원들은 사측에 가까운 인물로 보이기 십상이다. 대학 직원이나 한국어 강사나 피고용인으로서 손을 잡고 고용주인 학교 측과 맞서야 이치일 텐데, 모든 일이 이치대로 돌아가지는 않는다.

같은 노동조합에 속한 동지들 사이에도 엄연히 존재하는 차별의 벽이 갓 가입해서 노동운동을 시작하는 조합원의 의지를 꺾는다. 그렇게 꺾여 버린 의지들을 너무 많이 보았다. B에 의해 무기계약직 전환이 무산된 한국어 강사들은, 당장 시급이 올랐더라도 학교 측이 재계약을 거부하면 아무 소용이 없을 텐데, 그때 노동조합에 가입하고자 한다면 그 노동조합에 B가 버티고 있음을 알게 될 것이다. 이런 상황에서 느껴지는 배신감은 쉽게 해소되지 않는다.

B와 짧은 대화를 마친 후 대의원대회가 속개되었고, 회의가 끝날 무렵에 나는 신생 지부의 대표자로 강단 앞에 불려 나갔다. 자기 소개를 하고 지부 현안을 이야기하면 된다고 들었다. 그러나 B와 대화를 마친 나는 전국 대학의 지부장들 앞에서서, 우리가 한국어 '강사'들이 모인 신생 지부이며 여러분의 대학에 있는 한국어학당의 노동 문제에 관심을 가져 달라고 부탁할 때, 서로의 위치가 아득하게 멀다고 새삼 깨닫는다. B와 같은 마음으로 나를 바라보고 있을지도 모른다. 절망감과 배신감이 느껴지고, 이런 상황은 노동조합이 지켜야 할 명분에도 맞지 않다고 느껴지는데, 이런 감정을 드러낸다고 해서 아무것도 바뀌지 않는다는 것도 알고 있다.

이럴 때 나는 제도의 틀 안에서 문제를 해결하려 한다. 지금으로선 나 하나뿐이지만, 앞으로 더 많은 한국어 강사 출신 지부장이 대의원대회에 앉아 있기를 바라는 것이다. 앞으로 더 많은 한국어 강사 출신의 지부장들이 나타나도록, 요컨대 우리 조합원들이 더 강한 권력을 차지하도록 애쓰기로 한다. 그리고 이럴 때 나는 나 자신도 B와 마찬가지일지도 모른다고 생각한다. 연세대 어학당 강사들은 해고의 위험으로부터 보호받는 무기계약직인데, 한국어 강사 중에는 단기계약직 강사들이 숱하게 존재하지 않은가. 아마 우리보다 열악한 노동 조건에 놓여 있는 한국어 교육 노동자들을 어떻게 바라볼 것인가의 기로에 놓일지도 모른다. 그들의 문제를 나의 문제로 알고 동지로서 곁을 지킬지, 선을 긋고 안전지대 안에 머물지.

# 2020년 6월 2일

지부 사무실을 대청소했다. 지하층이라 공기가 탁하고 먼지가 쉽게 쌓인다. 습해서 그런지 벌레도 자주 출몰한다. 반면에 지하층 구석진 자리라 인적이 드물다. 하루 종일 나 혼자 사무실을 지키는 날이 대부분이다. 혼자 사무실을 멍하니 바라보다 보면 청소를 하고 싶어진다.

처음에 학교 측이 노동조합 사무실을 이곳으로 정해 주었을 때, 몇몇 조합원들은 강하게 반발했다. 이렇게 후미진 곳으로 몰아넣는다는 것은 노동조합을 대하는 안하무인격의 태도를 보여 준다는 것이다. 단체 항의방문을 해야 한다고 주장하는 분도 있었다.

결국 나는 그리하지 않기로 했다. 물론 교섭

현장에서는 적극적으로 강하게 요구하고 있지만, 실질적으로 조합 사무실 위치 변경을 강제할 수단이 없는데 단체 항의방문을 하는 것은 쇼에 그친다고 여겼기 때문이다. 더구나 이건 조합원 모두가 자신의 일로 여길 만한 사안도 아니다. 대신에 단체교섭에서 근로시간 면제와 조합 사무실 배정, 홍보활동 보장 등을 한데 묶어서 요구하자, 조합원들의 관심은 단체교섭의 성공에 집중하도록 유도하자, 하는 것이 당초의 계산이었다.

그러니 조합 사무실의 위치와 환경이 개선되기까지는 당분한 열심히 청소를 하기로 한다. 다행히 조합원 중에 육아노동을 하는 분이 많고, 이분들은 댁에서 더이상 쓰지 않는 장난감들이 많아, 나는 이런 장난감들을 기증받아 사무실을 꾸미기로 했다. 파워레인저 모형 세트, 푸우 인형 등. 덕분에, 여전히 공기가 눅눅하지만, 지부 사무실은 한결 화사해졌다. 사무실을 발랄하게 관리하는 것이 앞으로의 일이다.

# 2020년 6월 17일

복도를 지나는데 조합원 K가 불렀다. 무슨 일인가 했는데 가방에서 주섬주섬 간식거리를 꺼내더니 내 손에 쥐여 주었다. 지부장이 된 후로 조합원들이 먹을 것을 챙겨 주는 일이 잦다. 생일이 되면 기프티콘으로 케이크를 보내 주시기도 하고, 집에서 반찬을 해다가 락앤락에 담아 주시기도 한다. 특제 소스로 만든 멸치볶음, 매실액, 직접 키우셨다는 블루베리 등등. 생강즙을 주신 건 목을 아껴 쓰라는 뜻이다. 지부장의 목은 개인의 목이 아니라고 했다.

K가 위원장 생활은 어떠신가요, 하기에 위원장이 아니라 지부장입니다, 하고 정정한다. 지부장 생활에 대해서는 점점 알아 가고 있지만, 그 생활

이 어떠한지를 얼마나 드러낼 수 있는지에 대해서는 전혀 모른다. 수업 시간에 학생들을 안심시키기 위해 선생이 때로 확언을 해야 하는 것처럼, 지부장도 조합원들을 안심시키기 위해 때로 내심 자신 없는 일들에 대해 장담해야 할 때가 있다. 어디까지 솔직해질 수 있는지는 도통 모르겠다.

그럭저럭 잘 지냅니다, 하니 K가 속마음을 내보였다. 지부장님이 말씀하시는 걸 들으면 안심이 됩니다, 차분해져요. 그렇군요, 감사합니다. 아니, 긍정적인 뜻으로만 드린 말씀이 아닙니다, 뜨겁게 화가 나고 울분을 터뜨리고 싶다가도 지부장님 말씀을 들으면 화가 식는다는 뜻이지요. 보통 노동조합 활동가들은 그 반대 아닌가요, 사람들 가슴을 뜨거워지게 하잖아요. 이 말을 들으니 뭐라 대답하면 좋을지 알 수 없었다.

오후 늦게 집으로 돌아와 옥상에 올라가서 텃밭에 물을 주었다. 지난달에 심었던 바질이 잘 있는지 확인한다. 같이 사는 친구가 평상에 앉기에 텃밭에 심었던 방울토마토 몇 개를 따서 말없이 나눠 먹었다. 토마토는 햇빛을 받아 따뜻해졌다. 나는 이런 시간들을 좋아한다. 코로나 바이러스로 인해 갖가지 노동조합 행사가 취소되었을 때 내심 다행이라고 여기기도 했다. 아마도 나는 노동조합 활동에, 특히나 그 대표자로서는, 매우 안 어울리는 사람인 것 같다.

# 2020년 6월 27일

수원에 가서 부모님을 만났다. 아버지는 몸이 불편하여 잘 걷지 못하시고, 어머니는 아버지를 곁에서 돌보신다. 수원에 가서 아버지와 어머니를 만날 때는 늘 두 분의 몸을 오랫동안 만지고 싶은 마음이 든다. 이유를 모르겠다. 아버지의 손가락 마디를 만지고, 볼을 비비고, 팔뚝을 주무르고, 어머니의 발가락에 깍지를 끼고, 안마를 하고, 끌어안았다.

아버지는 침대에 누워 유튜브를 보면서 시간을 흘려 보내신다. 침대 곁에 앉으니 아버지께서 손수 종이에 적으신 유튜브 즐겨찾기 목록을 보여주셨다. 가수와 노래, 영화들이 적혀 있었다. 자꾸 이름을 잊는다고 하셨다. 떨리는 글씨로 적혀 있다. 수전 잭스, 앤디 깁, 보니 타일러, 보니 엠…….

어머니는 영화를 자주 보신다. 예전에 전자책 리더를 선물해 드렸는데 그걸로도 글씨가 선명치 않아 책 읽기가 수월치 않다. 대신에 영화는 즐겁다. 시, 소공녀, 카페 뤼미에르, 영원과 하루, 요시노 이발관, 사마에게…… 영화에 대해 기록을 남기실 수 있도록 리뷰 노트를 선물하기로 했다.

점점 쇠약해 가는 아버지와 어머니를 볼 때, 성장해 가는 아이의 모습을 바라보지 못하고 지내는 부모처럼, 두 분의 소중한 시기를 놓치고 있다는 기분이 든다. 더구나 나는 이 소중한 시기에 엉뚱하게 노동조합 같은 것에 마음이 팔려 있다. 불안하고 부끄럽다.

# 2020년 7월 8일

오랜만에 전 직장 동료 C를 만났다. 그는 내가 깊이 존경하는 한국어 선생인데, 전 직장에서 각기 다른 곳으로 옮긴 후로는 자주 보지 못했다. 그게 아쉬워서 한때 같이 스터디를 하면서 서로를 격려했는데 시간이 지나자 그마저도 뜸해졌다. 한국어 선생으로서의 경력을 시작할 무렵에 C와 같이 잔머리 없는 동료와 성장해 갔다는 게 나에겐 큰 행운 중 하나다.

그는 내가 노동조합 일을 하는 것을 알고 있다. 한때 수업 아이디어를 짜내어 서로 공유하고, 한국어 문법과 단어 하나를 두고 한참 토론하던 때가 생생한데, 이제 한국어 수업보다 한국어 선생의 노동 조건에 대해 열을 올리는 내 모습이 우리 모두에게 낯설다.

　C가 소개한 동네 술집에 가서 함께 화이트와인 한 병을 마신다. C가 일하는 어학당에도 갖가지 부조리한 일들 투성이다. 더러는 C가 부조리라고 느끼지 못하는 일들조차 이제 내 눈에는 부조리로 보이기도 하는데 노동조합 활동을 하고 있기 때문일 것이다. 한편으로는 하소연으로 끝낼 일이 아니라 노동조합을 통해 부조리를 해소할 방안들이 그려지기도 한다. 하지만 이런 대화를 할수록 우리가 서로 다른 세계에서 서로 다른 고민을 하면서 살아간다는 게 더욱 명백해진다.

　혹시, 그럴 일이 없으면 다행이지만, 혹시 노동 문제로 상담이 필요하다면 언제든지 바로 저한테 연락해 주세요. 그는 알겠다고 했다. 모르는 게 너무 많다고도 했다. 실은 모르는 채로 남아 있고 싶은 게 아니냐고, '몰라서 안 한다'고 말하는 편이 '알면서도 안 한다'고 말하는 편보다 덜 부끄러우니까, 하고 쏘아붙였다. 아, 이런 말은 하지 말았어야 했는데. 연세대 한국어학당은 정말이지 노이즈캔슬링 헤드폰을 쓴 듯 전국의 어학당에서 노동탄압이 벌어지는 와중에도 평화롭다. C는, 최 선생님의 반짝반짝하던 무언가가 사라지고 있는 것 같

다, 그래서 슬프고 속상하다, 라고 했다. 반박하지
못했다.

# 2020년 9월 21일

노동조합 일을 시작한 후로 새로운 사람들을 많이 만나게도 되었지만, 이미 알고 지내던 사람들이 노동조합에 관한 그들 삶의 이야기를 들려주기도 한다. 오늘 T의 이야기.

요리하는 친구 하나가 ××에 살아요. 그 근처로 갈 때면 친구가 생각나서 연락을 하는데, 그럼 늘 전국 여기저기를 돌아다니느라 바빠서 잘 못 만나요.

놀러 다니는 게 아니에요. 주로 노조 투쟁 현장을 쫓아다니면서 취식 봉사를 하는 거예요. 남들한테 널리 알려지도 않고, 그러니 후원도 안 받아요. 자기 돈 털어서 하는 거예요. 제가 후원금을 모아다 주겠다 해도 사양해요. 대신 손을 빌려준다

하면 막지 않으니 시간 내서 같이 음식하는 게 전부예요.

저도 몇 번 갔어요. ○○○ 투쟁 현장에도 가고 ×××현장에도 가고요. 기억에 남는 장면이 많은데요. 투쟁 현장에서 식사를 나눠 드리다 보면 말이에요, 여성 노동자들은 좀 달라요. 그게…… 남성 노동자들하고 좀 다른 게, 이분들은 식사 대접 받는 걸 불편해해요. 우리가 식사를 준비하고 있으면 신경이 쓰이는지 자꾸 우리들 쪽을 힐끗힐끗 바라봐요. 거들어 주려 하시고, 설거지거리를 안 만들려고 신경 쓰세요. 배식하는 데 자꾸 끼어들고, 고무장갑을 끼려고 하고. 잔반도 거의 없어요. 그러다 보니 이제 우리도 이분들 눈 앞에선 최대한 일거리를 안 만들게 됐어요. 머리에 띠를 두르고 용역과 몸싸움을 벌이고 길바닥에 앉아 까맣게 탄 얼굴에 쉰 목소리로 노래하시는 분들이 자꾸 이러시는 걸 보면 저는 마음이 어지러워요.

# 2020년 9월 24일

조합원 L과 식사를 하는데 그가 말했다. 얼마 전에 K 교수님을 만나고 왔습니다. 제 대학원 시절 지도 교수이기도 하셔서요. K는 나의 지도 교수이기도 하다. 대학에서 한국어 교육학으로 학위를 받은 후에 해당 대학의 한국어학당에 취직하는 것이 한때 흔한 취업 경로였다. 그러므로 직장 선배는 곧 학교 선배인 경우가 흔하고, 지도 교수였던 이가 직장 상사가 되는 경우 또한 흔하다. 서로 만날 일도 잦고 여러 경로로 소식도 자주 듣는다.

K는 좋은 분이었다. 내가 우리 어학당에 취직하여 일하게 되었을 때 눈물 흘리며 기뻐하시던 모습을 기억한다.

L은 말을 이었다. 교수님이 지부장님 소식을

물으시더라고요. 그러셨군요. 교수님이 이런 말씀 하셨던 게 기억에 남아요. "최수근, 걔 착한 애였는데 어쩌다 그리 되었다니……"라고. 그러셨군요. 네, 그래서 저는 너무 화가 났습니다. 우리가 무슨 나쁜 짓이라도 한다고 말이에요.

한때 나의 학생이었던 J는 어학당을 졸업했고 이제는 친구처럼 지낸다. 그는 어학당 행정실에서 아르바이트를 한다. 가끔 행정실에 가면 반갑게 인사를 나누는데, 어느 날 J가 나에게 말한다. 형, 얼마 전에 말야. 내가 형이랑 인사하는 걸 보고 행정 직원 S가 묻더라고, 최 선생님이랑 친하냐고. 그래서 친하다고 했지. 그랬더니? 몰라, 그냥 고개만 끄덕끄덕 하면서 자기 자리로 가더라고. 형, 혹시 학교랑 무슨 일 있어.

나와 친하게 지내지 말라고 얘기하고 다닌다는 누군가의 소식도 듣고, 그런 말을 들을 때 난처해하는 내 친구들의 속마음을 듣기도 한다. 미안하다.

# 2020년 10월 7일

대학노조에서 한글날에 진행할 기자회견의 회견문을 쓴다. 내 평생에 이런 글을 쓰게 될 줄 몰랐다. 다른 분들도 다들 기자회견을 위하여 이런저런 준비를 하는데 나는 사람들 앞에 나서지 않고 글 쓰는 일이나 해야지 싶어서 자원했다.

선동의 발언을 못하는 사람은 선동의 글도 쓰지 못한다. 나는 상대의 피를 뜨겁게 하는, 느낌표가 이어지는 언성 높은 글을 쓰지 못한다. 무엇이 문제이며 어디로 나아가야 하는지 손가락으로 명확히 가리키는 것도 쉽지 않고, 앞으로 무엇을 하겠다며 선언하는 것도 쉽지 않다. 내 평생에 이런 문장을 써 본 적이 있었나. 아마 없었던 것 같은데.

대학노조 K 실장에게 부탁해서 다른 분들의

기자회견문을 받아 읽었다. 구글로 검색해서 여러 단체의 기자회견문을 쭉 살펴보기도 한다. 읽다 보니 기자회견문의 고유한 구조와 언어 사용이 있어서 최대한 참고해 쓰기로 했다. 그대로 쓰다 보니 얼추 한 편의 글이 나왔다. 우리도 조만간 단체교섭을 할 테고 기자회견도 하게 될 텐데 그때 지금의 경험이 도움이 될 것이다.

# 2020년 10월 8일

한글날이다. 아침 일찍 광화문 광장에 갔다. 민주
노총 대학노조에서 정부와 국회를 상대로 한국어
교원의 노동 조건 향상을 요구하는 기자회견을 열
기로 했다. 작년에 이어 두 번째다. 코로나 바이러
스 확진자가 늘고 있으니 많은 사람을 불러 모으
는 것은 애초에 불가능하다. 백일장이나 1분 발언
대 같은 아이디어는 모두 포기했다. 어학당 네 곳
의 조합원 일곱 명과 민주노총 대학노조의 동지들
이 조촐하게 진행했다.

　인적이 드문 광화문 광장은 황량해 보였다. 작
년에는 수십 명이 정부종합청사 앞에서 북적거리
면서 집회를 열었는데. 우리는 세종대왕상을 등지
고 나란히 서 있다가 발언 순서를 확인한 후에 서

로 위치를 바꾼다. 방역 수칙을 지키기 위해 서로 한팔 간격으로 떨어져 있기로 한다. 우리는 구호도 맞춰 보고, 발언문을 확인하기 위해 핸드폰의 화면 잠금 설정도 바꾸고 화면 밝기도 높인다. 대학노조 동지들은 음향 장치와 손팻말을 확인한다. 취재하러 온 기자들에게 배포할 보도자료도 챙겼다. 작년 기자회견 때 A대 어학당 강사의 현장발언을 듣고 눈물을 흘린 기억이 있어 휴지도 챙겼다.

우리는 언론사에서 얼마나 취재하러 나왔는지를 세기 위해 주위를 둘러본다. 집회 참가자 수는 적더라도 언론 보도가 많이 나간다면 그나마 다행이다. 개중에 방송국 카메라가 보인다면 더욱 반갑다. 기자회견 발언자들끼리 어느 어느 언론사에서 나왔는지 서로 수군거린다. 대학노조에서 일하는 K에게, 저긴 어느 신문사인가요, 하고 묻자 신문사가 아니라 경찰서에서 나온 사람입니다, 한다. 그렇군요, 그래도 작년보단 기자들이 늘었네요. 네, 방송국 카메라도 왔고요. 덕분에 마음을 조금 놓는다.

기자회견은 낮 열두 시 전에 마무리됐다. 그래야 기자들이 여유 있게 기사를 작성하고 송고할 수 있다고 들었다. 조직국장이 식사 장소를 안내한다.

125

조직국장은 집회 장소 근처에서 식사할 만한 곳들을 알고 있다. 이번에는 쭈꾸미집이다. 물품을 정리하고 이동하기로 하는데 방송국 취재기자가 다가왔다. 잠깐 인터뷰 좀 할 수 있을까요. 뒤에는 건장한 카메라기자도 있다. 뉴스 영상이 나간다면 좋은 일이니 그러자고 했다. 일행에게는 식사 장소를 문자메시지로 알려 달라고 하고 나는 기자들과 함께 세종문화회관 앞 벤치에 앉았다.

카메라를 점검하고 말쑥하게 차려입은 기자가 질문을 시작했는데, 이상할 만큼 질문과 대답의 내용들이 기억에서 까맣게 지워졌다. 기억나는 질문은 하나뿐이다. 좀 더 힘들고 괴로운 표정을 지어 줄 수 있을까요, 그림이 나와야 해서요. 나는 아마 영문을 몰라 어리둥절해하다가, 기자의 말대로 고통스러운 얼굴을 보이고 눈물을 흘리려 애쓰다가, 아무것도 제대로 되지 않아 기괴한 표정을 짓고 말았다. 십오 분 가까이 시간이 흐르고 잠시 혼자 벤치에 앉아 있다가 점심 식사 중인 동지들의 전화를 받고 식당으로 이동했다.

집으로 돌아온 후로 내내 방에 누워 있었다. 조합원들의 단체카톡방에는 현장 사진과 언론사

보도가 공유되고 있었다. 내가 카메라 앞에서 지었던 표정에 대해 생각했고, 굴욕감을 느꼈다. 기자는 무슨 권리로 괴로운 표정을 요구했고, 나는 왜 순순히 그 요구를 따랐을까. 불행을 전시하고 경쟁하는 방식으로 노동조합 활동을 하지 않았으면 좋겠다고 생각했는데 왜 그렇게 실천하지 못한 걸까. 아니, 어쩌면 나는 극적인 표정을 연출해 내지 못하는 모자란 지부장이라고 해야 할까. 부당한 처우에 분노와 슬픔이 넘쳐 나서 어쩔 줄 모르는 모습을 보이고, 그 덕에 그럴싸한 그림이 만들어져서 뉴스의 파급력이 높아졌다면 커다란 득이 될지도 몰랐을 것을.

# 2020년 10월 23일

뜻깊은 날이다. 단체교섭을 공식적으로 시작하는 첫날이기 때문이다. 노동조합 설립총회를 한 날부터 마음속에 품었던 두 가지 목표 중 하나가 우리 직장 최초의 단체교섭을 체결하는 일이었다. 그 첫 단계로 상견례를 하는데, 어학당 원장과 대학노조 서울본부장, 그리고 관련자들이 어학당 회의실에 모여서 덕담을 주고받고 앞으로의 교섭 절차에 대해 협의한다.

단체교섭은 우리 노동조합이 민주노총 소속 대학노조의 산하 조직이라는 사실을 피부로 깨닫는 순간이다. 일단 우리 지부는 단독으로 사측과 협상을 벌일 수 없으며 오로지 대학노조 위원장으로부터 교섭권을 위임받은 후에야 협상이 가능하다. 향후의 교섭 방향, 예를 들어 교섭을 지속할지 중단할지와 같은 문제에도 우리 지부의 상급 간부들이 영향을 미칠 것이다.

이렇게 대학노조의 조직 체계가 중요하다는 생각을 하다 보면 정작 대학노조 안에는 한국어 교육 노동자가 거의 없다는 사실이 위험 요소로 여겨진다. 대학노조 간부라고 해도 한국어 교육 현장에 대한 이해가 턱없이 부족하다. 그러니 우리 노동 현장의 현안이 무엇인지를 대학노조 간부들과 공유하는 것부터가 난관이다. 예를 들어 우리가 학기라고 말할 때 우리는 '봄, 여름, 가을, 겨울 학기'를 가리키는데 이들은 '1학기, 2학기'를 떠올린다. 강사라고 불리지만 강사법에서 규정하는 강사와는 어떻게 다른지도 설명해야 한다. 공부시킬 내용이 한두 가지가 아니니 미리 자료를 만들었다. 우리 어학당의 역사와 규모, 업계에서의 위상, 강사 수, 임금 계산 방식, 그리고 이번 단체교섭에서 반드시 이루어야 하는 사안들…….

대학노조 간부 Y는 말한다. 첫 교섭에선 임금을 획기적으로 올린다든지 하는 것보다는 조합 활동을 안정적으로 보장받는 것이 중요해. 그래야 2년 후에 다시 교섭을 열고 요구 사항을 지속적으로 관철시킬 수 있지. 단번에 모든 걸 다 얻어 내려고 사생결단을 하려고 하면 사측도 사생결단으로 나선다고. 나는 노동 조건의 향상과 조합 활동의 보장이 과연 그렇게 별개의 사안인지 잘 모르겠다. 그러나 취지는 알 것 같아 고개를 끄덕였다. 대학노조 간부들의 어떤 발언은 한국어 교육 현장과 전혀 무관한 딴 세계 이야기라 한쪽 귀로 흘려버리고, 어떤 발언은 소중한 지혜라 귀담아듣기도 한다. 그리고 간부들이 자존심 상해하지 않는 선에서 우리의 요구 사항을 최대한 정확하고 단호하게 전달해야 한다.

학교 측과의 상견례를 마치고 나와 지부 조합원, 대학노조 간부들은 근처 고깃집으로 이동한다. 방을 잡아 고기를 굽고 술을 마신다. 뭔가 앞으로의 교섭 전략과 전망, 조심해야 할 점 등에 대해 배우고 싶은데 그럴 기회가 없고, 오로지 비장한 각오와 결의에 대한 강요뿐이다. 그리고 당신들의 투쟁 승리 경험담들. 그 일부는 도움이 되고, 일부는 걸림돌이 될 것이다.

술자리를 마치고 집으로 돌아가는 길에 나는 여전히 막막하다. 단체교섭을 비롯한 여러 노동조합 활동은 전문성이 요구되는 분야인데 사명감만 반복해서 강조한다는 건 어쩐지 히포크라테스 선서만 외우게 하고 의술은 안 가르치는 의학대학 같은 느낌이다. '투쟁 현장이야말로 최고의 교실'이라는 말은 그럴싸하긴 하지만 무책임하다. 우리 어학당에 처음 취직했을 때도 전임강사 J는 신입 강사들에게 '가르치면서 배우는 거다, 교실 경험이 쌓여 가다 보면 수업 능력도 향상된다'고 말했다. 실제로 수업을 해 가면서 배우는 것도 많지만, 적어도 학교 측과 강사 본인은 수업 첫날부터 완벽해야만 한다. 노동조합 활동가도 마찬가지일 것이다. 왜 교육과 훈련을 가볍게 여기는 걸까. 나는 이런 식의 무책임함에 화가 난다.

# 2020년 10월 30일

서대문구 노동자지원센터에 방문했다. 법률 상담과 교육 문화 사업도 하고 갖가지 조사 연구 사업도 하는 곳이다. 노동교육 프로그램 지원도 문의할 겸 앞으로의 선전 활동에 도움도 요청할 겸, 그리고 우리의 투쟁을 도와주실 분들의 네트워크도 만들 겸. 지난 5월에는 마포구 노동자종합지원센터와 서남권 직장맘지원센터도 방문했다.

우리 지부는 경험도 지식도 모두 부족하다. 더구나 한국어강사의 노동조합이 생겨났다는 사실 자체를 아는 사람이 많지 않다. 그러니 최대한 널리 알려서 도움을 받아야 한다. 다행히 서울시에서 노동자 지원을 위한 조례를 제정하고 운영을 지원해 준 덕분에, 민주노총을 포함해 여러 시민 단체들에서 손을 내밀어 준 덕분에 이런 센터들이 곳곳에 운영되고 있다. 그러니 최대한 활용해야 한다.

서대문구 노동자지원센터는 유진상가 2층에 위치해 있다. 앞서 전화로 인사 나눴던 직원이 맞이해 주셔서 센터장과 대화를 나눴다. 올 때마다 명함이 아쉬워서 어서 지부장 명함을 만들어야지, 싶었는데 계속 깜빡한다.

나는 한국어 강사의 노동에 대해, 그리고 우리 지부의 설립 배경과 현안에 대해 공유한다. 낯선 업종이라 기초부터 차근차근 설명해야 한다. 대학은 2학기제이고 어학당은 계절학기제인데 이 점은 매번 오해된다. 외부인들을 만날 때마다 우리 일에 대한 사전 지식이 전혀 없으시곤 하여 공감대를 넓혀 가는 일이 아득하기도 하다. 나에겐 익숙하고 당연한 것이 상대에겐 의아하고 낯설다는 걸 깨닫는 게 노동조합 일의 첫걸음인 것만 같다.

낯선 업종에 대해 매번 배우는 건 노동자지원센터 직원들에게도 힘든 도전일 텐데 성의껏 귀 기울여 주시는 게 대단하다. 나오는 길에는 굿즈도 잔뜩 받았다. 센터에서 한창 홍보 중인 프로그램도 소개해 주셔서 조합원들에게 알리기로 약속했다.

센터장을 기다리는 동안 직원 한 분이 물었다.

조합원 성비는 어떻게 되나요. 여성 노동자가 압도적으로 많습니다, 남성 노동자는 10퍼센트가 안 돼요. 그렇군요. 상대방은 더 말을 않는데, 나에게는 이런 사업장에서 어째서 남성이 노동조합의 대표가 되었는지가 풀리지 않는 궁금증으로 남아 불편하다.[3]

---

3    여성이 다수인 조합의 성비가 임원 구성에 반영되지 않는 일은 흔하다. 민주노총에선 임원 30% 여성 할당제를 시행하고 있지만, 대표자는 남성에게 맡겨야 한다는 인식도 여전하다.

# 2020년 11월 6일

첫 교섭을 했다. 상견례를 이미 했지만 의례적인 이야기가 대부분이었고 본격적인 실무를 논하는 자리는 이제야 시작이다. 노동조합을 세운 후로 줄곧 이 자리를 만들기 위해 애써 온 셈이라 가슴이 벅찼다.

학교 측이나 노조 측이나 난생 처음 해 보는 일이라 낯설고 불편한 심정을 감추고 있는 것이 우습다. 우리는 갑자기 무대 위로 끌려 나와 연기를 시작한 배우들 같고, 다들 남모르게 떨고 있는데 티가 날까 봐 겁먹고 있다. 어차피 이럴 바엔 능청스럽게 연기하기로 하고 회의를 진행하는 의장 역할을 시나브로 떠맡았다. 개회를 선언하고 종회를 선언하는 식으로. 학교 측에서 노조측 교섭위원을

'선생님'이라고 부르면 "위원님이라고 부르세요."
라고 지적한다. 경험 부족한 학교 측 교섭위원들도
누군가가 회의를 앞장서 이끌어 가는 걸 다행으로
여기는 눈치다. 나는 앞으로도 교섭에서 의장 역할
을 맡겠지.

　다루고 싶은 안건은 백 가지가 넘는데 본격적
인 논의를 시작하려니 논의 방식부터 다투게 된다.
예를 들어 교섭을 어디에서 어떻게 할지, 교섭 시
간이 한국어 수업과 겹쳐서 강의를 못할 경우에 어
떻게 할지, 회의록을 어떻게 작성할지, 교섭 참관
을 어떻게 허용할지, 교섭회의가 성립하려면 얼마
나 출석해야 하는지 등.
　쟁점은 두 가지가 될 것이다. 교섭 때문에 수
업을 못할 경우에 임금을 어떻게 보전할 것인지와
교섭을 어디까지 공개할지. 노조 측은 임금 보전과
완전 공개를 요구하고, 학교 측은 모두 거부한다.
　노조 측은 이렇게 말한다. 교섭 회의가 열릴
때, 조합원들이 최대 열 명까지는 자유롭게 참관할
수 있도록 합시다, 그래야 교섭의 투명성이 보장되
지 않겠습니까, 우리는 누가 보더라도 떳떳합니다.
학교 측은 이렇게 말한다. 보는 눈이 많으면 자유

롭게 발언할 수가 없습니다, 그럼 회의가 더 어려워지지 않겠습니까, 민감한 발언이나 정보들이 나올 텐데 아무나 참관해서야 되겠습니까. 노조 측은 다시 답한다. 학교 노동자들이 단체교섭을 할 때 학부모들이나 학생들을 참관자로 받기도 합니다, 우리 어학당도 한번 학생들을 참관자로 초청해 보지요. 지부장님, 농담하신 걸로 알겠습니다. 농담 아닙니다, 그리고 다시 말하지만 '최 위원님'이라고 부르세요. 우리는 교섭을 마친 후 조합원들에게 회의 공개를 요구하는 연대 서명을 받기로 했다.

협상 과정에서 나 자신이 떳떳한 위치에 있다는 느낌, 누구에게든 당당하며 부끄러울 것이 없다는 느낌이 나에게는 우월감을 준다. 하지만 현실은 그에 걸맞게 개선되지 않을 것이고, 나의 노동 가치를 깎아내리려 애쓰는 사람들을 앞으로 오래 만나게 될 것이라 이 우월감이 힘이 될지 짐이 될지 모르겠다.

교섭을 마치고 나오면서 동료에게 한 걸음은 나아갈 줄 알았는데 한 발가락만큼밖에 못 나갔네요, 했다. 갑갑하다.

# 2020년 11월 11일

수업을 마쳤다. 우리 어학당도 코로나 바이러스 탓에 온라인으로 수업을 진행하는데 다만 어찌된 일인지 감염되지 않은 강사들은 굳이 학교로 나와서 수업을 하게 한다. 빈 교실에 카메라와 컴퓨터를 놓고 온라인 교실을 열어 학생들이 들어오게 한다.

온라인 수업인데도 학교로 출근하게 하는 까닭은 근태 관리를 위해서, 그리고 실은 온라인 수업 장비를 지원할 의사가 없기 때문일 것이다. 학교는 이런 상황에 늘 우왕좌왕한다. 어학당에서 온라인 수업을 하다가 갑자기 늘어난 데이터 전송량 탓에 인터넷이 멈춰 버렸을 때, 강사들은 급하게 개인의 스마트폰 데이터량을 사용해 가면서 수업을 이어 갔다. 한편 스마트폰을 활용해서 인터넷에 연결할 줄 모르는 강사들은 무력감을 느꼈다. 학교의 시설 미비를 비판해야 마땅할 일인데 강사들은 스스로를 다그치며 일한다. 개인의 스마트폰 데이터를 사용한 강사들에게 학교가 보상하는 일도 당연히 없다.

학교와 교섭하는 동안 항의했지만 듣지 않는다. 온라인 수업을 하는데도 굳이 출퇴근해야 하는 강사가 도중에 코로나 바이러스에 감염되기라도 하면 학교가 책임질 작정입니까. 학교가 노동조합의 항의를 외면하는 건 실제로 출퇴근 도중에 감염되었는지를 단언할 방법이 마땅치 않기 때문일 것이다. 노동자에게 피해가 발생하더라도 학교는 언제나 책임을 회피할 준비가 되어 있다.

온라인 수업으로 전환된 현실은 학생들과의 관계에도 영향을 미친다. 수업 시간에는 아무래도 학생들로부터 직접 전달받는 에너지가 있는데 모니터로만 학생들을 만나는 상황에는 아직 적응되지 않았다. 쉬는 시간이 시작되면 학생들은 곧바로 카메라와 마이크를 꺼 버리는데 나는 그 순간이 매번 낯설다. 어렸을 적 교실에는 수업 시간에 잠만 자고 쉬는 시간만 되면 펄펄 날아다니는 친구들이 수두룩하지 않았던가. 쉬는 시간이 되면 수업 시간에 배운 문법으로 재치 넘치는, 하지만 남부끄러운 문장을 써서 나에게 선물하듯 보여 주는 학생도 있다. 편의점으로 뛰어나가려고 엉덩이를 들썩이는 학생들의 모습도 그립다. 교실 밖에서도, 교실 안에서도. 마음 둘 데가 사라졌다고 생각했다.

# 2020년 11월 19일

청소 노동자 휴게실에 찾아가서 직접 만든 보늬밤 조림을 한 병 드린다. 우리 어학당 강의실을 청소해 주시는 분들인데, 그간 우리 강사들과 한 건물에서 지내시는 동안 화나거나 서운한 기억도 있었으리라.

휴게실엔 한 분 앉아 계신다. 종이컵 안에 밤조림을 따라 드리니 하나 맛보시곤 이내 조리법을 물어 오셨다. 덕분에 한참이나 신나게 이야기를 나눴다. 술도 살짝 넣는다고 하니 더욱 잘되었다며 웃으셨다. 혼자 다 드시면 안됩니다. 아이고, 어찌 알았나, 다들 신기하게 맛보겠네.

청소 노동자들의 휴게실은 어학당 지하에 있다. 우리 어학당 지부의 사무실도 어학당 지하에 있다. 교실도 몇 개 지하에 있지만 습하고 벌레가 많은 곳이라 잘 사용하지 않는다. 조합원들 발길도 뜸하다. 나야 지하에 자주 머무는데, 청소 노동자들의 휴게실 앞을 걸으면 삼삼오오 모여 잡수시는 맵고 짠 반찬 냄새, 소염제 스프레이 냄새가 진하다. 언젠가 우리 같이 지상으로 올라갈 수 있다면.

# 2020년 12월 4일

세 번째 교섭을 실시했다.

학교 측은 교섭을 최대한 지연시킬 계획인 것 같다. 노조에서 한 달 전에 보낸 요구안에 대해 아무 입장도 내비치지 않고, 그저 각각의 요구안에 대한 노조의 취지 설명을 들은 후에야 답을 내놓겠다고 한다. 하지만 노조의 요구안에는 백 개가 넘는 조항이 있다. 조항 하나만으로도 한 시간 넘게 논쟁을 이어 가곤 한다. 시간은 무한정 지연될 것이다.

화가 쌓여 간다. 단체교섭은 노사가 대등한 지위에서 맞서는 현장이다. 학교 측은 단체교섭에 대한 이해가 잘못되어서, 노조의 요구안을 받아서 검토해 보고는 못마땅한 걸 지우고 자기들 마음에 드는 부분은 반영해 주는 시혜적인 행사로 오해하는 것 같다. 나는 더 권위를 내세워야 한다고 느꼈다.

처음부터 하나하나 설명을 해 주시지요, 다들 가르치는 일이 직업이시잖습니까. 나는 학교 측의 발언이 겸손이 아니라 어리석음과 영악함으로 여겨진다. 지금 노동법 수업을 해 달라는 말씀이시군요, 기꺼이 가르쳐 드리겠습니다. 하지만 그들은 끝까지 배우지 않을 것이다.

# 2020년 12월 11일

단체교섭 중간에 잠시 정회를 선언한다. 이때 학교 측 교섭위원은 어학당 밖으로 나가 담배를 한 대 피우고, 나도 곁에서 한 대 피우면서 교섭 현장에서 말하지 못했던 속 이야기를 듣는다.

담배를 피울 때는 하소연과 뒷담화가 안주 역할을 하지. 그는 요즘 건강이 안 좋아졌다고 했다. 눈도 아프고 허리도 아프다. 단체교섭을 시작한 후 일도 많아졌다. 당연하다. 노동조합이 생겨났으니 관련 업무도 늘었을 텐데 학교가 직원 인력을 보강해 줄 리 없다. 그는 대학 직원들도 먹고살기 힘들다고 한다. 퇴사하는 대학 교직원들 많습니다, 저도 고깃집을 하든가 해야지요……. 고깃집은 쉬울 줄 알고, 싶었지만 굳이 입 밖으로 꺼내진 않는다.

어디가 어떻게 아픈지를 스스럼없이 이야기하는 게 학교 측 교섭위원들의 특징이다. 단체교섭을 마치고 나오는데 T가 묻는다. 지부장님 건강은 좀 어떠신가요. 이런 질문은 정말로 내 안부를 묻고 싶어서가 아니라 본인의 건강에 대해 하소연하려는 것이다. 저는 별일 없습니다. 그러자 아니나 다를까 T는 자신의 몸 상태가 요즘 어떤지를 늘어놓으면서 엄살을 부린다. 힘드시겠어요, 하지만 말이에요, 저희 조합원들은 아파도 아프다는 티도 못 내고 꾹 참으면서 일해요, 그러니까 저한테 하소연하고 싶으셔도 그냥 참으세요, 아니면 총무처장한테 가서 하소연하시든지요, 그럼 저도 같이 가서 도와드릴게요.

T는 지부장님, 농담도 참……. 하면서 자리를 떠났다. 나는 아프다는 사람한테 굳이 잔인하게 말해야 했나 싶다가도, 하지만 그게 본심인걸 싶다.

# 2020년 12월 10일

계단을 걷다가 우연히 마주친 학교 측 교섭위원 T
와 이야기를 나눈다. 그는 나에게, 저희도 노조 측
요구안을 대충 살펴봤는데요, 너무 과한 건 아시지
요, 라고 말한다. 나는 그야 해 봐야 알지요, 이제
실무교섭 겨우 네 번 했습니다, 라고 답한다.

그는 웃으면서 말한다. 지부장님은 풍채도 좋
고 목청도 쩌렁쩌렁하시니 어디 맘 편히 얘기할 수
가 있어야지요. 아니, 그게 무슨 말씀이신가요. T
는 다시 덧붙인다. 저는 삐쩍 마르고 키도 작고 해
서 지부장님 앞에선 큰소리를 못 치겠습니다. 왠지
주눅 든다니까요, 허허허. 어쩜 그렇게 체격이 좋
으신가요.

그와 이야기를 마친 후에 강사 사무실로 돌아온다. 집행부 간부인 H 선생을 만나 T와 나눈 대화를 전한다. H는 진저리를 치면서 말한다. 야만적인 세계군요. 정말 그렇다. 여기는 야만적인 세계. 야만적이어야 이길 수 있다면 누구보다도 더 야만적일 줄도 알아야 하는 세계.

# 2020년 12월 19일

동지 팥죽을 끓였다. 원체 남들을 잘 챙기는 성격이 못 되는데 지부장이 된 후로는 음식을 넉넉히 해서 조합원들 몇몇과 나눈다. 이번에는 지난 10일이 지부장 임기 절반이 지나는 날이라 내심 자축하고 싶기도 했다.

대개는 잼을 만드는데, 가스레인지 앞에 서서 드라마를 보면서 냄비를 휘휘 저어 가다 보면 스트레스가 조금 풀리는 것 같다. 팥죽도 시간이 오래 걸려서, 덕분에 마음을 조금 비워 냈다. 어쩐지 색깔이 그럴싸하게 나온 것 같아 사진을 찍어 어머니께 보내 드렸더니 "커피?"라며 되물으셨다.

## 3부

2021년

# 2021년 2월 26일

불광동에서 회의를 마치고 동지들과 함께 저녁 식사를 했다. 식사하는 동안 K는 오늘이 마지막 참석이라고 했다. 곧 직장을 그만둘 작정이라는 것이다. 이유를 물으니 노무사 시험에 합격했다고 한다. 조합 활동을 하다 보니 노동법에 대해 너무 무지했다는 사실을 수시로 깨닫게 되었고, 공부하는 것이 K의 재능 중 하나이니 그는 재능을 발휘해 볼 마음을 먹었다.

우리는 모두 K의 합격을 축하한다. 맞는 말씀입니다. 우리가 법적으로 정말 무지하지요. 그리고 우리의 노동 여건을 충분히 알고 있는 노무사들도 정말 드물고요. 대화하다 보면 정말 답답하다니까요. 아무튼 정말 축하드립니다.

나는 2주 전에 N 노무사의 집에 다녀온 일을 떠올렸다. 그는 우리 어학당에 노동조합이 생기기 이전에 체불임금 관련 업무를 위임받아 훌륭하게 해결했고, 동시에 우리 어학당 강사들에게 노동조합을 설립해야겠다는 마음을 심어 준 이다. 그러던 N의 건강이 심히 약해졌다는 소식을 듣고 우리는 그의 집에 병문안을 가기로 했던 것이다.

N과 그의 배우자가 우리를 맞이하던 다정하고 씩씩한 모습을 기억한다. 그리고 나는 섣부른 희망을 주지 않는 N의 말들을 좋아한다. 그는 노동조합이라고 해서 뭐 다를 줄 아느냐고, 노동조합 안에도 몹쓸 인간들이 얼마나 많으냐고 종종 이야기하는데, 그런 말을 들으면 나는 도덕적 의무감과 기대감을 털어 버릴 수 있었다.

나는 그에게 학교 측의 자문 노무사에 대해 이야기했다. 노동법을 전문적으로 공부한 사람들이 사측을 위해서 그 지식을 사용하게 되는 사정에 대해. N은 예의 그 태연한 말투로 답했다. 노무사 시험에 합격한 사람들 중 팔구십 퍼센트는 회사측에 서서 일합니다. 노동자 편에 서서 일하는 사람은 정말 드물어요. 그리고 덧붙인다. 왜 그러는지 이해 못할 것도 없지요.

이런 대화의 기억 까닭에 나는 K의 노무사 시험 합격에 대해 복잡한 심정이 된다. 그가 회사 측 노무사가 되어 열심히 일하면서 더 나은 근무 조건에서 일했으면 좋겠다. 하지만 그가 회사 측 대리인이 되어 나와 맞서는 일이 생길지도 모르고, 실제로 이런 일은 노동조합에서 흔하다. 회사 측이 조합원 몇 명을 은밀하게 포섭하여 내부 분란을 일으키는 일도 흔하다.

K에게, 그럼 혹시 일하실 곳도 정해졌나요, 하고 묻자 그가 고개를 끄덕였다. 아무도 그가 어디에서 일하게 되었는지를 묻지 않았는데, 아마도 그 대답을 두려워했기 때문이리라. 그러자 K는 묻지도 않은 변명을 하고, 우리는 이런 상황이 버겁다. 어서 저녁 식사가 끝났으면 좋겠다. 이미 술을 마셨지만 집으로 돌아가는 길에 맥주를 사서 혼자 더 마시고 잔다.

# 2021년 2월 19일

실무교섭을 마치고 나면 우리 노조측 교섭위원들은 지하에 있는 지부 사무실로 돌아온다. 오늘 하루의 교섭에 대해 간단히 평가하고 소감을 나눈다. 그리고 매번 교섭위원 L은 캔버스 가방에서 먹을거리를 주섬주섬 꺼내신다. 삶은 달걀, 귤, 호빵, 깎은 사과, 호박맛 땅콩맛 카라멜, 군고구마…… 이런 거라도 해야지, 하시면서.

사람들의 다정함을 매번 실감하는 것이 조합 활동의 큰 기쁨이고, 사람들의 매정함을 매번 실감하는 것이 조합 활동의 큰 괴로움이다. 이 둘을 하루에도 몇 번씩 오가는데, 그 온도 차이를 즐기는 사람이라면 노동조합 활동을 잘할 수 있을 것이다. 나는 잘 못한다.

# 2021년 3월 6일

변희수 하사가 사망하신 지 사흘 지났다. 민주노총은 돌아가신 바로 다음 날 성명을 발표했다. 성명서의 제목 아래에는 "차별에 맞서 투쟁한 용감한 트랜스젠더들을 기억합니다. 살아서 함께 투쟁합시다."라고 적혀 있다.

지부 앞으로 메일이 도착했다. 변희수 하사의 죽음을 기리는 마음을 각 지부의 단체교섭에 담아 달라는 내용이었다. 그리고 그 다짐을 공개적으로 선언해 달라는 것이었다. 예컨대 각 사업장의 취업규칙이나 단체협약서 안에 트랜스젠더에 대한 차별을 금지하는 문구를 담을 수 있었다. 하단에는 릴레이 선언을 할 수 있도록 마련된 게시판 링크가 첨부되어 있다.

대학노조의 모범단체협약안에는 "남녀 평등과 모성 보호"라는 장이 있다. 나는 이 모범단체협약안을 참고해 우리 지부의 단체협약서 요구안을 작성 중이다. 우리 어학당에서는 아직까지 한 번도 단체협약서가 체결된 적이 없었으니 모범안에 적힌 '남녀 평등' 부분을 우리 지부에선 '성평등'으로 고치기로 마음먹었다. 제3의 성별에 이르기까지 성별의 다양성을 아우르려는 취지다.

성평등을 주장하는 것과 우리 조직은 성평등을 지향한다고 공개적으로 밝히는 것 사이에는 차이가 있다고 비로소 깨닫는다. 우리 조직 안에는 트랜스젠더의 성별 정체성을 인정하지 않는 구성원도 있을 것이다. 성적 지향에 따른 차별을 옹호하는 구성원이 있을지도 모른다. 조직의 대표자로서 이처럼 나와 다른 입장을 묵살하고 나의 의견을 명문화하는 것에 대해 죄책감과 통쾌함을 동시에 느낀다. 죄책감을 덜기 위해서는 해당 사안에 대해 조합원 투표를 거칠 수도 있지만 나는 그러지 않기로 한다. 내가 결정을 하고, 사후에 비난을 받기로 한다. 앞으로 나는 지부장으로서 다양한 활동을 할 것이다. 특정 정당과 접촉해 지지를 요청한다든지, 시민 단체의 캠페인에 연대 성명을 발표한다든지.

그때마다 투표를 거쳐 조합원 전체의 찬반 여부를 묻는 것이 무책임하다고 느낀다. 우리 지부의 운영 규정에는 반드시 조합원의 의견을 구해야 하며 지부장이 단독으로 결정할 수 없는 사안들에 대해 분명하게 명시해 놓았다. 그 밖의 일에 대해서는 최대한 자유를 누리면서 권한을 행사하기로 한다.

조합원 전체와 함께 원탁회의를 열고 만장일치에 도달할 때까지 토론을 벌이는 방법도 있지만 나는 그러지 않기로 한다. 단체협약서에 '성평등'이라고 적기로 한 결정은 지금 당장 이루어져야 한다고 여겼기 때문이다. 언젠가 결정이 늦어지더라도 조합원 전체 토론을 벌여서 방향을 정해야 할 상황이 올지도 모른다. 그 상황을 판단하는 일부터가 나의 책임이라고 느낀다.

그런데 앞에서 말했던 이 통쾌함의 정체는 뭘까. 기꺼이 '남녀 평등'을 '성평등'으로 수정 반영하는 동안, 나와 다른 의견이 있는 구성원들이 있더라도 우리 조직을 대표해서 나의 개인 의견을 관철하는 즐거움은. 이걸 '권력감'이라고 하는 걸까. 우리에게 충분히 주어지지 않았고, 그래서 더욱 더 가져야만 하는 경험. 아니면 단순히 내가 독선적인 대표자인 건지도 모른다.

# 2021년 3월 17일

날마다 하루에 한 명씩 우리 어학당 지부 조합원들을 만나기 시작한 지 보름 지났다. 노동조합을 처음 만들었을 때 노동운동 선배들로부터, 임기 마칠 때까지 조합원들 하나하나와 함께 식사를 한다는 목표를 세워서 실천해 보세요, 라고 조언을 들었다. 코로나 바이러스 때문에, 단체교섭 준비 때문에 미루고 미루다가 이제야 슬슬 시작해 볼 마음을 먹었다.

기왕이면 오프라인으로 만나고, 일대일로 만나고, 여의치 않으면 온라인으로 만나기로 했다.

그간 조합원들에게서 여러 이야기를 들었다. 코로나 바이러스로 인해 학생 수가 줄고 월급도 줄어들자 갖가지 아르바이트를 전전하던 조합원들의 이야기. 직장 상사가 개인적인 일을 지시했는데 차마 거절하지 못하고 그대로 따르면서 느꼈던 굴욕감. 어학당 생활에서의 고됨을 남편에게 털어놓으면 "월급도 적은데 그렇게 참고 다닐 이유가 있느냐. 그냥 퇴사해라."라고 반문하는 남편에게 대꾸할 말이 없어 답답하던 기억. 노동조합 가입을 미뤘던 사정과 그로 인해 느꼈던 미안함과 부끄러움. 그리고 더러는 다른 아무아무개 조합원에 대한 험담들, 학교로부터 단박에 항복 선언을 받아 낼 만한 (그러나 현실성이 적은) 비책들.

# 2021년 3월 18일

지부에서 처음으로 현수막을 달았다. 이 사실이 유난히 뿌듯한 것은, 불과 두어 달 전에 현수막을 걸일이 있었는데 내부 반대로 실패했기 때문이다. 혹시 법적으로 문제 되는 건 아니겠지요, 혹시 명예 훼손으로 걸리면 어떡하지요. 그러나 이번에는 아주 당연스럽게 어학당 앞에 현수막을 걸 수 있었다. '우리의 권리, 단협으로 찾겠습니다'라고 적었다.

　일단 시작했으니 앞으로는 수월하게 걸 것이다. 현수막을 거는 기술이 늘어나고, 현수막을 걸어야 할 좋은 지점들을 보는 안목이 생기고, 현수막을 떼어 낸 총무처에 항의 방문을 하게 될 것이다. 점점 자라나고 강해지는 모습을 보는 것이 기쁘다.

# 2021년 3월 19일

열세 번째 교섭회의가 열렸다.

우리의 요구안에는 '성별, 국적, 신앙, 결혼 여부, 나이, 고용 형태 및 그밖의 이유로 차별적 처우를 하지 않는다.'라는 조항이 있었다. 학교 측은 이중에서 '결혼 여부, 나이, 고용 형태 및 그밖의 이유' 부분을 삭제하고 싶어한다.

왜요. 결혼 여부로 차별할 작정인가요.

그럴 리가요. 다만 근로기준법에서는 저 부분은 명시되어 있지 않아서 그렇습니다.

법대로만 할 거라면 우린 지금 여기서 뭐 하고 앉아 있는 겁니까.

일반적으로 통용되는 법을 준용하자는 게 뭐가 잘못입니까.

들으세요. 법치 좋지요. 하지만 지금 우리는 자치를 위해 여기 앉아 있는 겁니다. 법대로 하자면 우리도 학교와 대화 안 해요. 바로 노동청에 고발하고 합의 안 하고 처벌시키지요. 그러지 말자고, 대화로 풀어 가자고 지금 만나는 겁니다. 아까 우리 지부가 게시한 현수막 가지고 뭐라 하셨잖아요. 노동조합의 홍보활동 보장과 사측의 시설관리권도 서로 충돌하는 가치라서 사업 현장에서 노사가 대화하여 해결합니다. 그게 자치의 정신이에요.

그래서 저희도 대화하자고 지금 앉아 있는 것 아닙니까.

무슨 소리예요. 법문대로 받아 적어 놓자면서요. 그럼 지금 교섭장에 계신 것도, 법으로 사측에 교섭 의무를 강제하니까 어쩔 수 없이 계신 거 아닌가요. 이게 무슨 대화예요. 차별적 처우를 금지하는 조항은 차별 철폐를 위해 나아가자는 선언입니다. 학교 측 주머니에서는 돈 한 푼도 안 나간다고요. 이것조차 못 받아들이시겠다면 앞으로 어떻게 구체적인 현안을 얘기하겠어요. 유감입니다.

# 2021년 4월 2일

새벽 세 시, 술 취한 K의 말. 지부장님, 제가 노동
조합 한 지 이십 년이 넘었습니다. 사람 많이 봐 왔
는데요. 지부장님은 정말 특이한 사람입니다. 닮
은 사람이 잘 안 떠올라요. 우리 처음 만났을 때 기
억하세요? 그때 본 첫인상이 젠틀하고 차분하셔
서…… 좀 신기했습니다. 뭐, 이런 양반도 노동운
동을 하나. 근데 지부장님 보니까 엄청 고집쟁이예
요. 나쁜 말이 아니라, 그래서 제가 좋아한다는 겁
니다. 제가 지부장님 좋아해요.

# 2021년 4월 4일

오후 세 시에 월드컵공원에서 어학당 선배를 만났다. 하고 싶은 말이 있다고 하셨다.

둘이서 커피를 마시면서 공원을 산책했다. 인적이 드물고 나무가 많은 곳이었다. 벤치에 나란히 앉아 말없이 있었다. 하늘이 맑고 바람이 선선한 날이었다.

우리는 요즘 읽는 책에 대해 이야기하고, 가족들의 안부에 대해 이야기한다. 노동조합 이외의 모든 것에 대해 이야기할 수 있을 것 같다. 의식적으로 노동조합 이야기를 피하고 있기 때문에 오히려 선배의 용건이 무엇인지 분명해졌다.

잠시 후에 선배는 입을 열었다. 용건은 두 가지예요. 먼저, 잠시 쉬셨으면 좋겠다 싶었어요. 감사했다. 저는 잘 쉬고도 있어요, 산책도 하고, 책도 읽으면서요. 그렇다면 다행이고요. 선배는 다음 용건을 꺼냈다. 우리 지부 말이에요, 교육이 부족한 것 같아요. 조합원들의 의식이 성장하지 않으면 동력이 이어지지 않습니다.

노동조합 초기에 선배는 교육에 열심이셨다. 우리는 함께 노동 교육을 해 줄 분들을 섭외하여 강의를 열기도 했다. 우리 스스로도 학생들을 가르치는 입장이니 교육의 소중함을 알고 있고, 그만큼 애착이 컸으리라 짐작한다. 선배의 제안에 일리 있는 말씀이세요, 하고 고개를 끄덕였다.

하지만 정직하게 말해서 요즘 내 생각은 다른 곳에 가 있다. 나는 지부의 예산을 생각한다. 우리 지부는 아직도 예산을 세우고 보고하고 승인하고 집행하는 업무 구조가 자리 잡히지 않았다. 조합원들은 모두 교육 노동자라서 행정 업무를 전담하는 사람이 없다. 그리고 교육 사업을 강화한다는 것은 홍보 사업이든 연대 사업이든 다른 어떤 영역의 예산을 줄인다는 뜻이다. 이렇게 돈은 다양한 주장들을 명료하게 정리해 준다. '교육이 중요하다'는 주장에 누가 반대하겠나. 하지만 '교육이 ○○보다 중요하다'는 주장에는 반대 의견이 가능하다.

노동조합을 처음 만들었을 때는 법 지식과 전술, 단결, 투쟁력, 협상력 같은 요건이 곧 조합의 역량이라고 생각했는데, 시간이 지날수록 행정력이 얼마나 중요한지를 깨닫는다. 수입과 지출을 항목에 따라 분류하고 예산을 세워 집행하는 일, 규정을 만들고 그대로 집행해서 절차적 정당성을 확보하는 일, 회의록을 작성하고 공문을 꾸미는 일, 출석을 확인하고 공간을 빌리고 집회 신청서를 쓰는 등의 일. 그리고 그 무미건조하고 답답한 행정 절차를 이행하는 사람들을 존중하는 일까지 우리에겐 아직 숙제가 많다.

선배를 만나고 돌아와 지부 회계에게 예산 수립 업무를 부탁했다. 없었던 것을 새로 만드는 일이고 여태껏 주먹구구식으로 운영되어 왔으니 쉽지 않을 것이다. 대학노조의 Y 지부에 예산안을 요청해 받아 왔다. 선배 말대로 조합원 노동 교육도 중요하지만, 지금 나는 조직을 안정적으로 운영하는 일에 더 몰두하고 있다.

# 한국어를 가르치는 일

한국어를 배우는 사람이 얼마나 되는지 정확히 파악하기는 쉽지 않다. 지난 2019년 한국어능력시험 응시자가 37만 명을 돌파했으며[4] 국내 외국인 유학생 수가 16만 명을 넘어섰다는[5] 통계를 통해 그 증가 추세를 짐작할 뿐이다. 국제결혼도 지속적으로 늘고 있고, 외국인 노동자도 곳곳에 있다. 한국어에 능통한 외국인을 방송에서 보는 일도 드물지 않다. 한국어로 말하고 한국 노래를 따라하는 외국인을 보면 많은 한국인들은 격세지감을 느끼는데, 여기에는 다소간 뿌듯함이 섞여 있다. '한국어의

---

4    국립국제교육원, 「한국어능력시험(TOPIK) 응시현황」.
5    교육부, 「2019년 국내 고등교육기관 외국인 유학생 통계」.

위상'이 얼마나 달라졌는지를 생각해 보면 어쩐지 어깨에 힘이 들어가는 것이다. 그 연장선상에서 한국어 교육은 국위 선양의 수단으로 여겨지고, 한국어 선생은 민간 외교관이라는 감투를 쓴다.

이런 뿌듯함이 커질 때 자칫 놓치기 쉬운 것은 그 안에서 살아가는 사람들의 이야기다. 사람들은 실제적 보상 없이 거대한 명분만으로 일을 지속할 수 없다. 나는 한국어 교육을 움직이는 힘을, 그 일을 실제 담당하는 사람들이 겪는 성장과 보람, 그리고 사회경제적 대우의 차원에서 찾고자 한다. 한국어를 가르치고 배우는 동안 선생과 학생들은 서로 어떤 영향을 주고받으며, 그 과정에서 어떻게 성장하는가. 한국어를 가르치는 사람들은 노동의 값어치를 어떻게 경험하는가. 사회경제적으로 안정을 얻지 못하는 상황 속에서 보람을 넘어선 노동의 의미를 발견하는 것이 가능할까.

## 익숙한 한국어의 낯선 쓰임

한국어를 처음 가르친 것은 2008년 5월이다. 당시 나는 대학원 석사과정 중이었으며, 선배의 소개로 성공회대에서 일을 시작했다. 나의 첫 학생들은 미얀마의 8888 민주항쟁[6] 후에 한국으로 망명을 온 활동가들이었다. 이미 한국에서 오래 살았으므로 다들 유창하게 의사소통을 할 수 있었다. 나는 다만 글쓰기, 발음 등의 실수를 바로잡고 언론을 상대할 때 쓰일 만한 격식 있는 표현을 가르치는 것을 목표로 삼았다.

늦은 오후, 네 학생과 함께 긴장하면서 진행한 첫 한국어 수업을 마쳤을 때, 수업을 듣던 네툰나잉 씨가 물었다.

"선생님, 한국어에는 주격 조사가 두 개 있잖아요. '학교가 커요.' '집이 작아요.'의 '-이'와 '-가'처럼. 그런데 뜻도 역할도 똑같은 게 왜 두 개나 있나요?"

내가 한국어 선생으로서 받은 첫 질문이었다. 나는 대답했다.

"발음을 편하게 하기 위해서입니다. '집가 작아요.' '학교이 커요.'처럼 말하면 자연스럽지 않으니까요.

---

6    1988년 8월 8일, 대학생과 승려, 시민이 모두 모여 시작한 버마 (지금의 미얀마)의 반군부 민중항쟁. 평화적인 민주화 시위였으나, 국가평화발전위원회를 중심의 신군부 정권은 시위 참여자들을 가혹하게 탄압했고, 수많은 사람들이 목숨을 잃었다.

네툰나잉 씨가 미소를 지으면서 답했다.

"선생님, 버마어에도 주격 조사가 있습니다. '카'라고 해요. 그런데 우리는 주어가 자음으로 끝나든 모음으로 끝나든 '카'를 붙여요. 버마 사람에게는 '집카 작아요.'라고 말하는 게 자연스럽습니다."

이날의 대화는 내게 두 가지 배움을 남겼다. 첫째로, 선생 입장에서 자연스럽고 당연한 것이 학생에게도 자연스러운 것은 아니다. 나에게는 익숙하고 당연한 것이 상대에게는 그렇지 않음을 받아들이는 것이 가르치는 일의 시작이다. 둘째로, 외국인 학생들은 능통하게 모국어를 구사하며 그 틀 안에서 세상을 이해하고 표현할 능력이 있다. 학생들이 이미 온전한 능력자라는 것을 잊었을 때 학생을 환자 또는 아이로 다루게 되는데, 전자의 경우는 각종 '클리닉'을 열어 학생을 '고치고' 후자의 경우는 외국인 학생의 한국어 사용을 기특해하는 태도로 나타난다.

언어는 선생과 학생 모두에게 극히 익숙한 도구다. 선생은 숨 쉬는 법을 가르치듯이, 걷는 법을 가르치듯이 한국어를 가르친다. 자연히 선생은 자신의 숨과 걸음을 낯설게 보는 경험을 하게 된다. 예를 들어 보자. 나는 "구수한 선생님께!"라고 적힌 베트남 학생의 편지를 받는다. 무슨 뜻인지 묻자 학생은 당황하면서 '따뜻한 선생님'이라고 말하고 싶었다고 변명하듯 답한다. 한국어의 '따뜻하다'는 자신의 의도를 충분히 담아내지 못했고, 그래서 사전을 뒤져 '구수하다'를 발견했다는 것이다. 학생은 모국어와 한국어 사이에서 길을 잃었고, 나는 익숙한 언어의 낯선 쓰임을 경험한다.

## 장백산과 백두산 사이에서

다중언어 환경에서 한국어만을 사용하여 한국어를 가르치는 것의 의미를 좀 더 자세히 살펴보자. 선생은 한국어를 사용해서 한국어를 가르치고, 학생들은 한국어를 사용해서 한국어를 배운다. '무엇을 가르치는가'와 '어떻게 가르치는가'를 분리할 수 없기에, 선생은 교실 내에서 통용되는 언어를 통제할 의무를 진다. 이는 다음과 같은 상황을 만든다. 쉬는 시간에 옆 반 학생이 내가 있는 교실로 찾아왔다. 그러고는 교실 벽면에 걸린 커다란 한국 지도에서 백두산을 가리키더니 내게 물었다.

"선생님, 장백산은 중국 산인가요, 한국 산인가요?"

질문하는 학생의 얼굴로 보건대 이는 선생을 시험하기 위한 것이었다. 당시 우리반 학생들도 한국어 수준이 높았으므로 이 대화의 의미와 분위기를 느꼈을 것이다. 한국어 선생은 이런 시험을 겪는 일이 가끔 있다. 나는 대답했다.

　　"장백산은 중국 산이고, 백두산은 한국 산이죠."

　　내 말을 들은 옆 반 학생은 아무 대꾸 없이 자기 교실로 돌아갔고, 우리 반 학생들은 긴장했던 표정을 조금씩 풀기 시작했다.

　　한국어 교육 현장에서는 다양한 문화 충돌이 발생한다. 한국과 일본의 갈등, 양안 관계, 홍콩 문제, 동북 공정, 그리고 미얀마 소수민족 문제와 BLACK LIVES MATTER 운동에 이르기까지. 구성원들의 국적과 인종 정체성이 다양하기 때문에 발생하는 자연스러운 현상이다. 피상적으로 알던 갈등, 또는 존재하는지도 몰랐던 세계의 여러 이슈가 삶 속에 미치는 영향을 직접 교실에서 체험하게 된다. 이런 문제들을 완전히 회피하기란 불가능하다.

　　결과적으로 한국어 선생은 이런 갈등을 알게 될 뿐만 아니라 그것을 어떻게 다룰지도 체득하게 된다. '장백산'과 '백두산'이라는 명칭을 듣고 나는 선생으로서 우리가 어떤 언어로 대화하고 있는지를 의식하게 된다. 선생과 학생의 권력 차는 차치하더라도, 선생인 나의 언어로 대화해야 한다면 우리의 대화는 공정할 수 없다. 공정하지 않은 방식으로 전달된 지식은 상대의 동의를 얻지 못한다.

세상에 존재하는 다양한 갈등을 알게 되고, 다른 환경에서 자라 온 우리가 어떻게 서로 대화할 수 있을지를 배운다는 것은 기쁜 일이다. 흰색과 검은색은 정반대의 의미를 갖지만 그 차이는 '색깔'이라는 공통점을 전제하는 것처럼[7] 각자의 옳음을 이야기하기에 앞서 우리는 먼저 공통의 언어를 발견해야 한다. 한국어 선생의 일은 서로 다른 언어를 사용하는 이들 사이 공통의 언어를 발견하는 과정이고, 이런 경험을 통해 다소간의 성장을 경험한다.

## 외국인 학생들의 마음 보살피기

한국어 선생이 직면하는 도전 중 하나는 바로 한

---

7    하나의 의미를 여러 구성 요소로 쪼개는 것을 의미 성분 분석이라 한다. 예를 들어 '할머니'는 [+여자], [+늙음], [+사람]으로 분석할 수 있다. 여기서 [+여자]를 [+남자]로 바꾸면 '할아버지'가 되므로 반의 관계를 드러낼 수 있다.

국에서 살아가는 외국인 학생의 스트레스 문제다.[8] 낯선 환경에 적응하는 것만으로도 쉬운 일이 아닌데, 외국인 학생들은 대수롭지 않은 일상의 문제를 해결할 때도 몇 배의 수고를 들여야 한다. 이들은 일상 속에서 종종 마음이 무너지는 경험을 한다.

어떤 학생들은 자신이 사는 집에 문제가 생겨도 집주인에게 한국말로 자신의 사정을 어떻게 설명해야 할지, 집주인이 자기 말을 이해할 수 있을지를 생각하다가 무력감에 빠지고 만다. 지하철에서 모국어로 친구와 대화하다가 갑자기 등짝을 맞으며 한국에서 꺼지라는 소리를 듣게 되기도 한다. 한국어를 잘하게 될수록 외국인을 미워하는 댓글이나 말의 내용을 더 많이 알아듣게 된다. 한국에서 살아가는 외국인 학생이 겪는 스트레스는 생각보다 깊고, 학생의 학습 경험은 "한국이 좋아서 한국어를 배우기 시작했다."라는 단순한 말로 다 정리되지 않는다. 한국어 선생은 이런 학생들을 교실에서 마주하게 된다.

물론 학생이 일상생활에서 겪는 문제를 대신

8    趙晨薇,「언어 불안이 문화적응 스트레스에 미치는 영향에 관한 연구: '재한(在韓) 중국인 학습자'를 중심으로」,《국어교육연구》 74호(2020).

해결해 주는 것이 본업은 아니지만, 학생에게 학습 동기를 부여하여 적절한 마음 상태로 학습에 임하도록 하는 것은 선생의 일이다. 종종 한국어 선생은 외국인 학생이 믿고 기댈 수 있는 유일한 한국인이 된다. 그 과정에서 느끼는 보람과 기쁨을 굳이 부정할 필요는 없다. 작은 친절이 외국인 학생들에게 큰 힘이 되는 경험은 한국어 선생의 일을 지속하게 하는 주요한 원동력이다. 동시에 내가 살아가는 한국 사회를 보는 새로운 관점을 가르쳐 주기도 했다.

이처럼 한국어를 가르치는 일은 지식을 일방적으로 전수하는 것도 아니고, 한국과 한국어의 뛰어남을 홍보하는 일도 아니다. 교육 현장에서 선생과 학생은 가르치고 배우면서 서로 성장하는 교학상장(教學相長)[9]의 경험을 하게 된다. 그리고 이 경험은 한국어를 가르치는 일의 커다란 보상이 된다. 정서적 만족감이라는 심리적 보상이다.

---

9    "배우고 나서야 부족함을 알게 되고, 가르쳐 보고 나서야 어려움을 알게 된다. 부족함을 알고 나면 스스로를 되돌아볼 줄 알게 되고 어려움을 알고 나면 스스로 강해질 수 있다. 그래서 가르침과 배움은 함께 성장하는 것이라고 말하는 것이다."『예기(禮記)』,「학기(學記)」.

## 한국어 가르치는 일의 경제적 보상

어떤 직업을 이해한다는 것은 그 직업을 둘러싼 돈의 흐름을 이해한다는 뜻이기도 하다. 한국어를 가르치는 일에는 성장이나 보람만이 아니라 직업적 안정성과 금전적 보상도 적절하게 뒤따라야 한다.

이 점에 있어 한국어 교육 현장의 현실은 형편없다. 내가 일하는 직장에서는 수습 기간을 마치면 시급 2만 7000원을 받게 되는데, 현재 선생들은 한 학기에 약 120시간, 1년에 4학기니 한 해 480시간 강의를 하는 셈이다. 계산하면 한 해 연봉이 1300만 원 정도로 2020년 최저임금의 60퍼센트 수준이다. 현재까지

15만 명 정도의 학생들이 한국어를 배워 왔고 등록금이 약 170만 원으로 제법 비싼 편인 점을 생각하면, 돈의 흐름이 어쩐지 부자연스럽다. 경력이 쌓이면 상황이 더 나아질까. 안타깝게도 그렇지 않다. 수습 기간이 한참 지나 경력이 10년이 되면 같은 계산식에 따라 한 해 연봉이 1550만 원 정도다. 10년을 버텨도 생활임금은 물론이고 최저임금에도 미치지 못한다. 결국 한국어를 가르치는 일만으로는 생계 유지가 불가능하다. 정부 주도로 2020년

초에 '한류협력위원회'가 출범되고 문체부 내에 '한류협력지원과'가 설치되었다는 소식 뒤에는 짙은 그림자가 있다.

한국어 선생은 유일하게 교원 자격증 발급 주체가 문화체육관광부인 교육자다. 교원 자격증은 교육부에서 관할하는 것이 마땅함에도 불구하고 문화체육관광부의 관리하에 있는 까닭은 한국어 교육이 한국 문화의 세계화 과정에 기여하려는 목적으로 발전한 탓이다. 이로 인해 한국어 교육의 '교육적' 내실을 다지는 데 한계가 있다. 또한 대학 부설 어학당을 중심으로 발전한 한국어 교육 기관에서는 학생 시절의 은사를 직장 상사로 다시 만나는 일이 흔해 사제 관계와 노사 관계가 뒤엉키는 문제를 겪는다. 교육 현장에서 겪는 성추행과 인종차별의 문제도 적지 않다. 외국인 학생들이 소통에 어려움을 겪는 것처럼 한국어 선생들도 삶에서 경험하는 온갖 부조리함을 알릴 기회를 얻지 못한다.

고용 안정성 문제는 더욱 심각하다. 현재 국내의 한국어 선생들 중에 정규직은 손에 꼽을 정도고, 대부분은 계약직으로 여러 학교를 전전하고 있다. 근로계약서조차 없는 경우도 많다. 법과 각 학교의 규정 사이에서 한국어 선생은 유령처럼 존재감 없이 떠돌고 있다.[10] 한편 한국어 교원 소지자는 꾸준히 늘어나고 있기 때문에 사용자 입장에서는 손쉽게 한국어 교육 인력을 교체할 수 있다.[11]

저임금에 시달리는 한국어 선생은 어쩔 수 없이 아르바이트를 하게 되고, 카페에서 서빙을 하다가 우연히 학생을 마주쳐 얼른 숨어 버리기도 한다. 열악한 주거 환경을 선택하게 되고, 가족들과 친구들 앞에서 모멸감을 느낀다. 그러면서도 학생들 앞에서는 태연한 모습을 보여야 하는 것이 선생의 일이다. 일을 그만두는 것이 이상하지 않다.

## 스스로 위엄을 지키는 길

교육 노동의 보람과 열악한 대우 사이 괴리감을 견디는 것이 현재 한국어 선생들이 처한 상황이다. 작은 희망을 찾자면 한국어 선생의 노동조합 가입

---

10    한국어 교원의 성별 비율, 취업률, 인력 수요 등에 대해서는 공식 통계조차 없다.
11    2006년 868명이던 한국어 교원 자격 심사 합격자는 2020년 기준 누적 5만 3144명으로 약 61배 늘어났다. 자격 심사의 전체 합격률은 94퍼센트에 달한다.(국립국어원, 2020)

률이 늘고 있다는 점이다. 현재 몇몇 대학의 한국어 강사들이 노조 활동을 하고 있으며, 나의 직장에서도 2019년 늦봄에 한국어 강사 노조가 출범했다. 이렇게 한국어 강사들만으로 이루어진 최초의 노동조합이 꾸려졌으며, 그 배경에는 학교의 임금 체불 사건이 있었다.

나는 현재 한국어 강사 노조의 첫 지부장으로 일하고 있다. 우리의 첫 작업은 부당하게 강화된 인사평가 기준을 원상 회복하고 강사들의 무기계약직 지위를 확인하여 부당 해고를 막는 것이었다. 나와 노조는 언론 인터뷰와 한글날 기자회견 등을 통해 대외적으로 한국어 교육 현장의 노동 현실을 알린다. 또한 열악한 노동 현장에서 일하고 있는 전국의 수많은 한국어 선생과 소통하고 연대하는 일을 한다. 현재 목표는 단체교섭을 통해 노동 조건을 개선하는 것이다. 이 직업을 통해 생계 유지가 가능하도록 고용과 임금의 안정성을 확보하는 일이다. 현재 한국어 교육계 최초로 학교 측과 단체교섭을 하고 있는 만큼 모범적인 선례를 남겨야 한다. 이런 작업은 한국어 교육과 함께 다문화 교육에까지도 확장될 것이다.

나는 노조 활동을 하며 한국어 수업을 처음 시

작했을 때와 마찬가지로 상상도 못했던 다양한 사람들을 만나면서 때로 충격적이기도, 감동적이기도 한 많은 이야기를 나누게 되었다. 자신의 일을 사랑하고 열심히 훈련하여 능력을 쌓아 온 사람들이 그에 합당한 인정과 대우를 받지 못하고 자신의 정체성을 부정당할 때, 당당하고 즐겁게 자신을 세상에 알리는 일이 노조 활동의 시작이다. 투쟁은 "우리가 여기 있습니다."라고 세상에 알리는 데서 출발한다.[12]

나의 일은 곧 나 자신을 둘러싼 비대칭성을 해소하고 균형을 찾아가는 과정이다. 한국어를 가르치는 일은 익숙했던 세계를 낯설게 보는 눈을 갖게 했고, 비대칭성을 알아보고 균형을 잡을 수 있도록 했다. 나는 외국인 학생들이 한국 사회에서 어엿한 일원으로 성장하는 모습, 그리고 한국어를 가르치는 모든 이가 어엿한 노동의 가치를 인정받는 모습 또한 보게 될 것이다. 이 글은 일을 통해 내가 어떻게 변했는지, 그리고 내 주변의 사람들이 어떻게 변하고 있는지에 관한 이야기다.

---

12  영화 「캡틴 마블」의 마지막 전투 장면을 보다가 노조 설립을 맡겠다고 결심했던 2019년 초의 개인적 경험이기도 하다.

## 2021년 5월 17일

교섭회의 개회 선언을 하자마자 학교 측 교섭위원 S는 교섭위원 자격을 박탈해 달라고 요구했다. 지난 교섭에서 근거 없는 허위 주장을 했다는 이유였다. S는 우리가 이렇게 꼬치꼬치 따질 줄 몰랐던지 안절부절못하고 있다. 양측이 모두 팽팽하게 맞서서 결국 아무런 논의도 하지 못하고 십오 분 만에 폐회를 선언했다.

학교 측 교섭위원 P가 가만히 다가와 말을 걸었다. 지부장님, 오늘 교섭은 파토 내기로 작정하고 오셨군요. 네, 맞습니다. 눈치채셨군요.

# 2021년 5월 26일

집행부 임원 K와 S를 데리고 춘천 강원대에 갔다.

강원대에서 일하는 한국어 강사 조합원들은 부당해고에 맞서 싸우고 있다. 한국어 강사는 근로계약의 갱신기대권이 인정되는 상황에서도 학교 측이 계약 갱신을 거부해 해고당하는 일이 흔하다. 강원대에서도 같은 일이 벌어졌고, 한국어 강사들은 노동위원회에 구제신청을 해서 승리했다. 그러나 학교 측은 결과에 불복해 행정심판을 제기했고, 당사자들에겐 계약서를 새로 작성하지 않으면 강의를 맡기지 않겠다고 압박하고 있다.

흔한 일이다. 한국어학당에선 수년간 계약서 없이 일을 시키는가 하면 4대 보험과 퇴직금 혜택을 못 받는 경우도 많다. 얼마나 수업을 하느냐에 따라 월급이 달라지니 수업 시수 배정을 무기 삼아 강사들을 쥐락펴락한다. 회의, 수업 준비, 평가, 각종 행정 업무와 생활 민원 처리 등은 노동 시간으로 인성되지 않는다.

우리보다 열악한 곳도 많다. 이 말은 학교 측에 의해서는 현실에 안주하라는 의미로 사용되고, 조합에 의해서는 더 넓게 연대하라는 의미로 사용된다.


남춘천역으로 마중 나온 C와 함께 강원대 한국어학당으로 가서 한국어 강사 조합원들과 면담을 가졌다. 이분들이 속한 강원대 지부의 지부장과도 만나고 싶었으나 자리에 없어 통화로 대신했다. 우리는 별도의 지부를 설립한 만큼 일정한 독립성을 누리고 있는데 이분들은 기존에 있던 지부에 가입한 만큼 해당 조직의 관습과 논리가 장애물로 작용하기도 한다. 나는 이 점이 속상하다.

C에게 말한다. 저는 한국어 강사 출신의 노조 대표자가 많아졌으면 좋겠습니다. 그래야 업계가 발전한다고 느껴서이기도 하고, 내가 외로워서이기도 하다. 마음이 잘 전달되었을지. 아마도 당장은 힘들 것이다.

# 2021년 6월 16일

지난주부터 어학당 지부는 수업 전에 교안회의를 할 때 줌 회의실의 프로필 사진을 노조 캐릭터로 바꾸기로 했다. 급여 없이 내려지는 업무 지시들을 규탄하는 취지다. 우리는 카메라도 켜지 않을 것이다.

회의실 화면에 노조 캐릭터가 가득하자 전임강사들은 당황했지만, 대개 꿋꿋이 회의를 이어 갔다. 일부 급에서 조합원 한두 분이 교안회의 급여 미지급 문제를 제기했으나 급을 담당한 전임강사는 아무 답도 하지 못했다.

# 2021년 6월 18일

어학당 옆에 새로 지어진 미우관 개관식을 한다는 소식이 들려 급박하게 집회를 준비했다. 총장을 비롯해 각 부처 처장들도 올 예정이라 했다.

코로나 이후 이렇게 학교 주요 인사들이 한꺼번에 모일 기회가 많지 않다.

엊저녁엔 어학당 지하에서 현수막을 제작하고, 급하게 연락을 돌려 조합원 참여를 독려했다. 집회 계획도 세웠다. 언론사에도 연락을 돌렸다.

조합원들, 특히나 집행부 임원들은 어찌나 일을 척척 해내는지. 마치 오래전부터 노동운동을 해 왔던 사람들처럼. 현수막을 만들던 E가 말했다. 이렇게 일 잘하는 사람들을 학교가 제대로 대우해 주지 않으니까 우리는 재능을 이렇게 사용하네요.

처음에는 현수막을 정성껏 신중하게 써 내려가다가 나중에는 제법 자유로워졌다. 피켓 문구도 자유로워졌다. 하고 싶은 말은 뭐든지 해 봅시다. 분노도 있고, 유머도 있고, 조롱도 있고, 풍자도 있다. 사람들의 표현력은 정말 놀랍다.

미우관 건물에 대해선 강사들에게 특별한 감정이 있다. 건축비의 절반 가까운 금액이 어학당에서 지출되었고, 대신 건물이 완공되면 어학당이 그곳을 사용할 수 있을 거라는 기대가 있었다. 실제로 어학당의 홈페이지 로그인 화면은 오랫동안 미우관 건물의 완성도였다. 그리고 어학당의 막대한 비용 지출은 강사 처우 개선을 지연시켰다.

미우관 건물에서 어학당의 지분이 형편없이 적다는 사실을 깨달은 조합은 학교에 항의했다. 강사들에겐 미우관 사진으로 된 로그인 화면을 날마다 보여 줘 놓고선 이제 우리 건물이 아니란 말인가요. 그러자 학교 측은 로그인 화면을 외국인 학생들의 사진으로 바꿨다.

비겁하다고 생각했다.

집회 날 아침에 총무처장이 미우관으로 왔다.

그는 한국노총 소속 직원노조 위원장이기도 하다. 너무 세게 하지는 않으실 거지요. 그야 두고 보시면 알게 될 겁니다. 사전에 연락을 돌린 MBC와 EBS 기자들이 찾아왔기에 급하게 인터뷰를 한다. 총장 사진을 공유하고, 외칠 구호를 적어 카톡방에 올리고, 조를 짜서 위치를 정한다.

비가 내리기 시작했고, 우리는 비를 맞으면서 미우관 밖에서 집회를 시작한다. 다행히 미우관 개관식은 일층 로비에서 열리고, 그곳은 통유리 창문이라 바깥에 서 있는 우리의 모습이 그대로 보인다. 모인 사람은 서른다섯 명. 조합원이 스물다섯 명이고 나머지는 대학노조 사무처 직원들, 연세대학교 학생들, 연세대 산학협력단과 공공운수노조 연세대분회 분들이 채워 주셨다. 코로나 탓에 재택근무를 하는 조합원이 많아 인원을 동원하기가 쉽지 않았다.

오전 시간 내내 집회를 이어 갔다. 행사를 마칠 무렵 몸싸움이 벌어졌으나 다행히 아무도 다치지 않았다. 총장은 뒷문으로 사라졌다고 했다.

# 2021년 7월 14일

심리 상담을 예약했다.

상담이 필요하다고 느낀 지는 일주일 지났다. 학교에서 회의를 마치고 집으로 돌아오는 늦은 밤, 인적이 드물고 신호등이 없는 횡단보도를 건너다가 승용차 한 대가 나를 치고 지나가는 상상을 하고, 그게 그리 나쁜 일이 아니라고 느껴졌다. 곧바로 무언가 정신적으로 온전하지 못한 상태라는 사실을 깨달았다.

집행부의 S에게 정신의학과 의원을 추천받는다. 혼자 직접 찾아볼까 했지만 가까운 동지들과는 현재 상황을 공유하는 게 낫다고 생각했다. S는 길게 캐묻지 않고 두 군데를 소개해 준다. 고마웠다. 네이버 지도에서 검색해 보고, 언제쯤 상담을 받으러 갈 수 있을지 일정을 확인하고, 의원의 점심 시간이 끝나는 두 시가 되자마자 상담 전화를 걸어 본다.

상담 직원이 용건을 묻더니 언제 시간이 가능한지를 확인한다. 다음 주 수요일 오후가 좋습니다. 직원은 답한다. 실례지만 저희 의원은 수요일에는 오전에만 문을 엽니다. 나는 다른 가능한 시간을 생각해 보는데, 직원은 그럼 안녕히 계세요, 하며 전화를 끊는다. 뭔가 소통이 잘못된 것이리라. 그런데 전화 끊는 소리가 들려올 때 나는 어두운 나락에 떨어지는 기분이 든다. 한동안 그 안에서 어찌할 바를 모르다가 다시 기운을 내서 다른 의원에 전화를 걸고, 다음 주 수요일 오후로 예약을 잡는다.


노동조합에서 활동하면서 여러 활동가들을 만나고 이야기를 나눴다. 이들은, 특히 젊고 발을 들인 지 오래되지 않은 이들은 대체로 정신적으로 힘겨워하고 있었다. 이들을 위한 심리 상담 프로그램이 절실하다고 느낀다. 노동조합 간부 A에게 건의했으나 그는 이게 다 팬데믹 때문이라고 주장한다. 여럿이 모여서 술잔을 기울이다 보면 가슴 위에 얹

힌 무거운 바위가 사라진다고 했다. 그는 지부장의 간은 공공재라고도 한다. 술을 마셔야 일이 돌아가고, 일하면서 받은 스트레스도 술로 풀어야 한다는 것이다.

# 2021년 8월 27일

교섭을 마치고 나오는 길에 학교 측 교섭위원 S가 나를 불렀다. 드릴 게 있어서요.

교섭 이후에 보통 우리는 형식적인 인사들을 나누고, 그 인사에는 솔직함을 가장한 기싸움이 오간다. 아깐 기분 많이 상하셨나요, 제가 다 좋은 뜻으로 했던 말인 거 아시지요. 그야 알지요, 알면서 왜 그러셨어요, 라면서. 또는 기력이 소진되어 말없이 교섭장을 나선다. 더구나 S는 나와 대화할 일이 거의 없는데, 나는 교섭을 주재하는 당사자이며 S는 학교 측 입장에서 속기사의 일을 맡기 때문이다.

S는 교섭에 참석하는 것은 오늘이 마지막이라고 말한다. 다른 곳으로 발령을 받았다. 좋은 일로

가시는 거라고 생각해도 될까요. 그렇습니다. 그럼 축하해요, 그동안 고생 많으셨습니다. S는 작게 접은 쪽지를 내게 쥐여 준다. 드릴 말씀이 있어서요, 이따가 읽어 보세요. S의 직장 상사들과 나의 동지들이 힐끗 쳐다보는 것 같아 얼른 주머니에 집어넣는다.

조합 사무실로 돌아와 쪽지를 펼쳐 읽는다. 최 선생님 안녕하세요, S입니다. 앞으로 기회가 없을 것 같아 이렇게 편지를 적어요. 교섭하느라 고생 많으셨습니다. 선생님께선 마음에 없는 말을 해야 했던 적도 많으셨을 거라고 생각합니다. 저도 하고 싶은 말을 하지 못했고, 우리는 각자 다른 자리에 앉아 있어서 그게 아쉽고 슬프다고 생각했습니다. 최 선생님이 진심으로 일을 사랑하고 좋아하시는 분이라는 걸 잘 알고 있습니다. 교섭이 잘 끝나고 그 이후로도 행복하시길 바라고 있겠습니다.

S와 처음 대화를 나눴던 건 2017년 가을이었다. 우리 어학당에서는 나를 중국에 설립한 어학당의 부책임자로 파견하기로 했고, S는 그와 관련된 행정 절차를 담당한 직원이었다. 결국 그해 겨울에 중국으로 떠났는데, 당시는 사드 미사일 배치 문제

로 한국과 중국의 외교 갈등이 극심하던 시기였다. 중국 정부에서는 재중 한국인들과 관련된 통제 수준을 높였다. 나는 취업비자 없이 관광비자만 받은 채로 일하던 중이었다.

법적으로 문제 될 만한 상황이라 급히 귀국하고 싶었으나 한국 내 관계자들은 대체로 소극적이었다. 결국 내 뜻에 따라 귀국을 결정했다. 새벽 비행기를 타고 한국으로 돌아온 후로 학교 측에선 내가 무책임하게 처신했다고 비판했고, 나는 법적 조치를 취할 준비를 했고, 힘들게 학교 측의 사과를 받아 냈다. S와 나는 그 과정에서 실무를 처리하며 이야기를 나누곤 했다.

어느 날 S와 나는 단둘이 회의실에 남아 원장 면담을 기다리고 있었다. 나는 S에게 물었다. 동생이 있다고 하셨지요. 혹시 동생이 중국에서 저와 같은 상황에 처한다면 어떻게 하시겠어요. 어서 귀국하라고 하지 않으시겠어요. S는 한동안 말없이 바닥을 바라보다가 말했다. 동생은 중국어를 못하니 어서 돌아와야겠지요. 하지만 제가 그런 상황이었다면 저는 중국어를 잘할 수 있으니 중국에 더 머물 겁니다. 나는 대답한다. 그게 무슨 말씀이에요. 무조건 귀국하셔야 합니다. 중국어를 잘하든

못하든, 어서 돌아오라고 하셔야 해요. 그리고 이렇게 덧붙인다. 저는 중국을 빠져나올 때 세월호가 떠올랐습니다.

마지막 말은 하지 말걸 그랬다고 오랫동안 후회했다.


교섭위원들이 모두 돌아간 저녁에 혼자 조합 사무실에 머물면서 S의 편지를 몇 번이고 다시 읽는다. 답장을 하려고 컴퓨터를 켜서 한참이나 쓰고 지우고 하다가 결국 포기한다. 솔직한 심정을 적을수록 보낼 수 없는 답장이 될 거라고 생각한다.

조합원 O가 울음을 터뜨린 건 전혀 예상하지 못했던 일이다. 지부장님, 죄송해요.

우리 어학당 지부는 오늘로 학내 피케팅 106일 차를 맞았다. 투쟁이 시작되면 모든 조합원들이 역할을 부여받는다. 조를 짜서 피켓을 들고 선전전을 하고, 전체 집회가 열리면 최대한 참석해서 학교 측에 우리의 위세를 과시해야 한다. 조합원들의 사정을 하나하나 봐주다 보면 참여자와 불참자가 고착되기 십상이라 지부장인 나는 원칙적으로 무조건적인 참여를 요구한다. 그리고 개별적으로 사정을 헤아려 가면서 마찰이 일어나지 않도록 하는 일은 집행부를 비롯한 조합원들이 서로를 돌보며 해나간다.

O는 미리 면담을 요청하고 지부 사무실을 찾았다. 마침 사무실에 있는 몇몇 집행부 간부들이 나가자 그제야 입을 열었다. 지부장님, 저도 정말 열심히 참여하고 싶은데요. 제가 오래 나와 있을 수가 없어요. 저 아니면 어머니를 돌볼 사람도 없고 애들 돌볼 사람도 없어요. 그러자 갑자기 서러우셨는지 울기 시작하셨다.

이상한 기분인데, 이럴 때 우리 조합원들의 얼굴을 가만히 바라보면 그 위로 내 어머니의 얼굴이 겹쳐진다. O의 나이는 사십 대 초반. 내 어머니가 사십 대 초반이실 적에 나는 갓 중학교에 입학했다. 그러니 지금 조합원 O는 내가 중학생 시절에 보았던 내 어머니와 비슷한 삶의 단계를 거쳐 가고 있는지도 모른다. 늙은 어미와 어린 자식을 키우기 위해 우리 어머니도 이렇게 밖에서 눈물을 보이셨을지도 모른다. 이럴 때 나는 어떤 반응을 보여야 할지 잘 모른다.

# 2021년 9월 3일

노동위원회 2차 조정날이다. 조정위원들이 노사 양측의 입장을 조율해서 합의점을 찾아야 하는데 이날 조정이 성립하지 않으면 우리는 파업권을 얻게 된다.

조정회의에 같이 갈 팀을 조직해서 조합원 몇 분이 함께했다. 최대한 조정회의의 결과를 조합원들께 생생하게 전달해 줄 만한 분들, 그리고 앞으로도 노동조합에서 더 열심히 활동할 터라 경험치를 쌓아 주고 싶은 분들을 모셨다.

네 시간에 걸쳐 조정을 나눈 끝에 합의점을 찾아 우리는 조정서에 서명을 했다. 임금도 올랐고 경조사비 지급도 의무화했다. 조합 활동도 보장했다. 아쉬운 부분도 많았다. 강의 외 노동에 대한 급여 지금도 관철하지 못했고, 최소 강의 시간 보장도 안 됐다. 그 밖에도…… 너무 많다.

그러나 오늘 조정을 마치면 그 결과에 대해 온갖 해석들이 난무할 것이고, 자칫하면 불만과 갈등이 커져 갈 것이다. 그러니 이 결과는 승리라고 선제적으로 선언하고 자축하며 서로를 칭찬하고, 아쉬운 점은 앞으로의 투쟁에 맡기며 그때의 진전을 위해 계속 단결하자고 설득해야 한다. 이번 교섭은 너무 길었고, 어느새 다음 교섭을 준비할 때다.

같은 연세대 안에 있는 공공운수노조 분회 사무실에 방문했다. 청소미화 노동자들, 경비 노동자들이 가입해 있는 분회는 지금도 투쟁 조끼를 입은 채 근무를 서신다.

분회장님과는 때때로 전화를 걸어 투쟁 소식을 전한다. 우리 지부가 학내 곳곳에 현수막을 걸거나 투쟁 리본을 매달면 학교 측은 청소미화 노동자에게 철거해 버리라고 지시를 내린다. 그러니 우리가 열심히 싸울수록 이분들의 일거리가 늘어나기 십상이다. 죄송합니다, 했더니 쓸데없는 소리한다며 오히려 야단을 치셨다. 경비 노동자들은 우리가 정문이나 학생회관 앞에서 피켓을 들고 서 있을 때 고생 많다며 음료수를 갖다주시곤 한다. 유동 인구가 많은 곳을 조언해 주고, 햇볕이 덜한 위치를 알려 주기도 한다.

노천극장에 위치한 사무실에 찾아가 분회장님에게 우리 어학당 투쟁을 도와주시는 데 감사를 드리기로 한다. 분회장으로서 마지막 임기 중이고 정년퇴직도 얼마 남지 않으셨으니 그간 고생 많으셨다는 말씀도 전한다. 한편 함께 방문한 집행부 간부들은 낯선 노동조합 사무실을 둘러보며 투쟁 아이디어를 얻곤 한다. 오, 현수막을 저렇게 만들면 더 잘 보이겠군요, 저렇게 피켓을 만들면 더 가볍군요, 이런 식으로.

분회장님은 말씀을 참 잘하신다. 노동조합을 시작한 사연, 학내 화장실에서 식사하던 조합원들의 생활, 근무시간을 깎아 내는 학교 측의 작전, 한국노총과 민주노총을 갈라치기 하려는 시도들, 고마운 학생들과 서운한 학생들. 그리고 우리는 학창 시절 이야기도 나눈다. 나는 연세대학교를 1999년부터 다녔으니 아마 그때부터 이런저런 장소에서 마주쳤을 것이다. 아이고, 연대 나오셨구나. 공부 잘하셨네요. 그런데 노조까지 하시니 잘하셨습니다. 이런 분들한테까지 돈을 아끼다니 학교도 참.

나보다 더 열정적으로 분노해 주셔서 몸 둘 바를 모르겠다.

분회장님은 유난히 환멸이라는 단어를 자주 사용한다. 환멸은 그저 미워하는 것이 아니라 '꿈이나 기대가 꺾여 괴롭고 만사를 등지고 싶어지는 마음'을 가리킨다. 노동조합 일을 하는 동안 숱하게 환멸을 느끼셨으리라. 그 마음을 어떻게 감당하고들 사시는지 나는 아직도 잘 모르겠다.

## 2021년 10월 7일

의사: 병원을 찾는 환자분들이 극단적 선택을 하시는 사례는 보통 회복 막바지에 나타나요. 이제 치료가 끝나 가고 일상의 문턱 앞에 설 때, 바로 그 문턱에 걸려 넘어지는 분들이 종종 있습니다. 문 바깥도 또 다른 방일 뿐인데 그곳이 마치 낭떠러지처럼 보이는 거예요.

나: 그럼 어떻게 해야 하나요.

의사: 정해진 답은 없어요. 지부장 임기를 마칠 때까지 우울감을 관리할 능력을 키워 가는 것도 바람직합니다. 우리는 우울감을 완전히 제거하려는 게 아니니까요. 조합원들과 부대끼든지 노조 사무실에 혼자 머물든지 우울감은 갑자기 찾아올 겁니다. 우리는 이 우울감을 손안의 장난감처럼 다

루게 될 거예요. 자칫하면 우리를 다치게도 하지만 기쁘게도 해요.

# 2021년 10월 22일

민주노총 서울지역본부 서부지부장과 사무처장, 조직부장, 진보당 지역위원장이 피켓 시위를 하러 왔다. 한때는 정당의 도움을 받는 일에 대해 갖가지 의견이 많았다. 조합원들의 정치 성향도 고려해야 한다든지, 그들은 우리를 이용하려 들 거라든지. 그러나 우리처럼 한 사람의 손길이라도 아쉬운 조직으로선 손을 잡아 주는 곳이라면 감사히 함께해야 한다. 진보당 외에는 우리의 투쟁에 적극적으로 연대하겠다고 나선 곳이 없었다. 우리를 이용하려 한다 해도 나쁠 게 없다. 이용 가치도 없다고 여겨 우리를 외면하는 정치 세력도 수두룩하다.

# 2021년 10월 29일

조합원 여러분, 안녕하십니까.

민주노총 대학노조 연세대 어학당 지부 최수근입니다.

2021년 10월 29일 자로 노조 측 실무교섭위원들은 사측과 단체교섭안 전체에 대한 잠정 합의에 이르렀음을 보고드립니다.

이제 잠정합의안을 조합원 투표로 인준한 후에 대학노조 위원장과 실무교섭위원들의 연대 서명을 거쳐 우리 어학당 최초의 단체교섭안 체결이 이루어집니다.

사측에 처음 단체교섭을 요구했던 것이 2020년 3월 24일, 그리고 단체교섭을 시작했던 것이 2020년 10월 23일이었습니다. 그 후로 27차의 실무교섭과 165일간의 피케팅을 거쳐 오늘에 이르렀습니다.

그간 애써 주신 ○○○, ○○○, ○○○ 교섭위원들과 집행부 간부들, 그리고 더위와 추위를 견뎌 가며 거리에 나섰던 우리 조합원 여러분 모두에게 진심으로 감사드립니다.

라운드 사이에 잠시 쉬는 복싱 선수처럼 우리는 잠시 숨을 돌리고 이제 다음 라운드를 준비합니다. 새로워진 몸과 마음으로 다시 한 번 멋지게 싸울 수 있기를 바랍니다.

다시 한 번 감사드립니다.

지부장 최수근 드림

## 2021년 11월 11일

우리 어학당의 첫 단체협약을 체결한 날이다. 쟁점 사안은 노동위원회의 중재로 합의를 봤기 때문에 노사 양측이 단체협약서와 임금협약서에 직인만 찍으면 되었다.

노조 사무실에서 단체협약서와 임금협약서를 각각 두 부 출력했다. 그리고 학교 측이 한 부를 출력한다. 우리는 알렌관 연회실에서 만나 각자가 출력한 단체협약서를 나란히 놓고 한 장씩 넘겨 가면서 혹시 서로 달리 출력된 부분이 있는지 검토할 것이다. 나는 사무실에 혼자 앉아 다시 한번 협약서를 검토한다. 조항 하나하나가 영광이기도 하고 실패이기도 해서 읽어 가는 마음이 복잡했다.

약속 시간이 되어 노사 양측이 알렌관에 모였

다. 도장을 찍는 것부터가 난관이다. 학교 측은 노측이 먼저 직인을 찍으면 본관에 가서 총장 직인을 찍어 오겠다고 했다. 우리는 총장 직인을 가져와서 여기서 동시에 찍자고 버틴다. 실랑이 끝에 총장 직인을 가져오기로 했다.

협약서 마지막 장에도 찍고, 사이사이에도 찍어 놓아야 한다. 정확하고 깨끗하게 찍어야지. 이 협약서 한 부를 갖겠다고 그렇게 땡볕을 버텼고, 일 년이 넘도록 협상을 벌여야 했다. 한국어 교육업계에서 최초로 맺은 노사 간 협약이고, 앞으로 이 협약서를 출발점 삼아 우리 어학당은 물론이고 다른 어학당에서도 투쟁을 시작할 것이다. 곁에서 교섭위원들이 바라보고, 대학노조 간부들도 바라본다. 노조 위원장의 직인 곁에는 내 서명도 해 두었는데, 사실 지부장 서명은 없어도 상관없다. 다만 지부의 독립적인 의사 결정을 소중히 하고 지부장 서명의 무게감을 보이려는 취지일 뿐이다. 서명하는 동안 손이 떨렸는데 아마 남들도 눈치챘을 것이다.

모두와 헤어지고 사무실로 돌아왔다. 협약서를 스캔하여 드라이브에 업로드하고 본부 사무차장에게 건네준다. 이제 오늘 할 일은 끝났다. 혼자 오래 걷고 싶어서 청계천으로 갔다. 한참 걸은 후에 광화문 국밥집에서 국밥과 소주를 시켜 먹었다. 어깨가 조금 가벼워진 것 같기도 하고, 아닌 것 같기도 하다.

가시적인 성과를 크게 정리하면 이렇다. (1) 전체 강사의 시급을 약 3% 인상했다. (2) 유급 경조휴가를 신설했다. (3) 지부 창립 기념일을 유급휴일로 정했다. (4) 지부 전임자의 급여를 보전했다. (5) 지부 사무실 제공을 의무화했다. (6) 조합원을 대상으로 징계위원회가 열릴 때 지부장이 참석할 수 있게 했다.

세세히 언급하기 힘든 성과들도 나열하자면 끝이 없다. 길거리에서 피켓을 들고 마이크를 잡으면서 쌓여 간 경험치, 우리 어학당의 노동 현실에 대한 사람들의 이해도 상승, 투쟁에 함께해 주신 여러 분들과의 연대 의식, 그리고 승리했다는 감각……

# 2021년 11월 13일

집행부 임원들과 홍대에서 파티를 열었다. 어둑해지는 밤늦은 시간까지 함께 시간을 보냈다.

처음 지부장 일을 맡았을 때 어떻게 해야 일을 잘할 수 있을지 모르겠다고 친구에게 물었다. 그는 니 말이라면 무조건 믿고 따르겠다고 나서는 사람 두 명만 있으면 뭐든지 할 수 있어, 라고 조언했다. 그래서 그 두 사람을 만들기 위해 애썼는데 생각보다 많이들 믿고 따라 주었다. 어떻게 그럴 수가 있었을까. 리더인 나조차도 자신 없이 걸어온 길이었는데.

우리는 근사한 케이크도 준비하고, 선물도 준비하고, 기념사진도 찍는다. 사주를 보면서 서로의 궁합이 얼마나 맞는지도 확인한다. 다들 유쾌하고

즐겁게 노는데 이게 또 우리 지부의 장점이다. 놀
궁리에도 성실하다는 점. 투쟁하는 동안에도 유머
를 잃지 않는다는 점.

# 2021년 11월 29일

K와 처음 이야기를 시작한 건 2021년 5월이었다.

그는 우리 대학 학부에 다니는 학생이었다. 학교 생활을 하면서 노동자 연대 활동에 열심이었다. 우리 지부에서 캠퍼스 곳곳에 내건 현수막과 대자보를 보고서 한국어학당의 노동 문제에 관심을 갖게 되었다고 했다.

마침 우리는 이튿날 단체교섭 관련 기자회견을 열 예정이었다. K는 우리 어학당 단체교섭의 핵심 쟁점이 무엇인지, 그리고 앞으로 어떻게 투쟁할 계획인지를 물었다. 그리고 투쟁에 함께하고 싶다고 했다. 자신과 뜻을 함께하는 친구들도 여럿인데 함께 우리의 투쟁 현장에 와서 힘을 합치고 싶다고 했다. 우리 어학당 지부처럼 인맥도 적고 노하우도 없는 조직으로선 지푸라기라도 잡아야 한다. 나는 고맙다고 했다.

전화를 끊고 나서 '활기찬 목소리가 참 좋다'고 생각했다.

K는 자신의 말을 지키는 사람이었다. 그는 실제로 우리 어학당의 투쟁에 적극적으로 동참했다. 우리 지부가 붙인 대자보 곁에 지지와 응원의 자보를 붙여 주었고, 어디에 현수막과 대자보를 내걸어야 학생들에게 많이 노출될지를 조언해 주었다. 자신이 활동하는 조직의 소식지를 통해 우리 어학당의 투쟁 소식을 알려 주었다. K를 통해 알게 된 다른 학생들도 모두들 열심이었다.

투쟁하는 동안에는 학생 조직과의 연대가 중요하다는 조언을 종종 들었는데 실제로 투쟁 기간에 그 중요성을 피부로 느꼈다. 누가 뭐래도 학생은 대학 교육의 소비자인 만큼 대학이 잘못을 저지를 때 주인 된 입장에서 목소리를 낼 수 있다. 학교는 피고용자인 노동자들을 대하듯이 학생을 함부로 대하지는 못한다.

나는 그들을 우리 지부 사무실에서 종종 만났는데 그럴 때면 사무실에 놓인 간식들을 쥐여 주곤

했다. 그들의 투쟁 이야기를 듣는 게 좋았다. 어디에서 어떻게 투쟁을 해 왔는지 물었고, 졸업 후에는 어떤 삶을 살아가고 싶은지 물었다. 우리가 삼겹살 식당에서 함께 고기와 맥주를 함께했던 날을 기억한다. 우리는 서로의 가족이 어떤 삶을 살아왔는지, 그리고 노동운동을 하는 것이 얼마나 고독한 일인지에 대해 이야기했다. 그럼에도 그들은 한 명 한 명 선명한 꿈을 품고 있었다. 누군가는 졸업 후에 고향으로 돌아가 농촌 운동을 하고 싶어하고, 누군가는 대학원에 진학해 부조리한 한국 경제 구조의 기원을 연구하고 싶어한다. 나에겐 이런 꿈이랄까, 사명감이 있었나. 다들 근사하다고 생각했다.

학생들이 속한 조직에 대해 L이 넌지시 알려준 것은 지난달의 일이다. 대학노조 회의를 마치고 식사하던 자리에서였다. 학생들이 열심히 도와주고 있다면서요. 네, 그렇습니다. 그는 고개를 끄덕이더니, 사실은 이런 문제가 있습니다, 라며 입을 열었다. 그에 의하면 학생들의 조직은 모 대학의 교지편집위원회 내에서 성폭력 사건에 연루되었으며 이후로 2차 가해를 벌였다고 비판받았다. 민주노총은 해당 조직과 다양한 연대 활동을 했으므로 민주노총의 입장 표명을 요구하는 목소리가 높았고, 이에 2020년 4월에 해당 조직과의 모든 연대 활동을 중단한다는 성명을 발표했다.

　지부장님이 모르시는 것 같아서요. 네, 몰랐습니다. 다들 알고 계셨나요. 대학노조에서 잔뼈가 굵은 선배들이 말없이 고개를 끄덕였다.


　오늘 K에게 전화를 받았다. 앞으로 그의 조직과 연대 활동을 중단하겠다고 메시지를 보냈고, 그가 직접 통화를 하고 싶다고 했던 것이다. 그는 분했다. 자신들이 이용당한 기분이라고 했고, 나는 변명하지 않았다. 그렇게 느껴지는 것이 당연하다. 억울하다고도 했다. 정말 화가 나는 건 자신들의 입장을 말할 기회조차 주어지지 않았다는 점이라고 했다. 최 지부장님, 이렇게 거절당하는 경험이 처음은 아닙니다. 하지만 그동안 함께 투쟁했던 인연 때문에라도 변명할 기회는 주어졌습니다. 이렇게 차갑게 손절당하는 건 정말 이해할 수 없습니다.

　일리 있다고 생각해서 역시 변명하지 못한다. 미숙하게 손절한 것도 부끄럽고, 굳이 서로의 삶에 대해 깊이 이야기를 나눴던 것도 후회스럽다. K와 통화를 마치고 집행부 간부에게, 앞으로 우리 집회

나 투쟁 있을 때 그 조직엔 연락하지 마세요, 하고
알렸다. 그는 사정을 알고 있어서 더 길게 묻지 않
았다. 고마웠다.

# 2021년 12월 6일

지부 사무실에는 전신 마네킹이 두 개 있다. 집행부 임원들이 가져다 놓은 것이다. 남자 한복을 입었고, 머리엔 곱슬머리 가발을 썼다. 우리는 주앙 씨라고 부르는데 우리 어학당 교과서에 등장하는 브라질 교포의 이름이다.

언제 갖다 놓았는지는 잘 기억나지 않는다. 투쟁할 때 인원이 최대한 많아야 한다는 강박 때문이었는지, 폐업한 옷가게가 당근마켓에 올린 마네킹 처분 소식을 듣고 냉큼 달려가서 가져왔다. 사무실에 마네킹이 놓이자 오가는 사람들이 조금씩 꾸며주기 시작해서 이제 제법 그럴싸한 사람 형상이 되었다.

아무것도 모른 채 지부 사무실로 들어오다가

마네킹을 보고 깜짝 놀라는 방문자들이 있다. 기발하다고도 하고, 이상하다고도 한다. 나로선 매일 오랜 시간을 같이 보내다가 보니 오히려 친근해졌다. 아무도 없고 마네킹과 나 단둘이 있는 시간에는 서로 농담을 주고받고 고민을 털어놓기도 한다.

아마도 미쳐 가는 모양이다.

# 2021년 12월 14일

어학당 전임강사들에게 항의 메일을 보냈다.

전임강사는 일곱 명인데 한때 어학당 동료로 함께 일하기도 하였으나 지금은 중간관리자 역할을 하고 있다. 학사 관리, 연구 프로젝트 관리, 교사 연수소 운영 등. 개인별로 연구실을 갖고 있고, 임금 수준도 일반 강사보다 훨씬 높다. 한때 동료였으나 지금은 갑질을 하기도 한다. 강사들에게 당한 부당한 대우에 대해 조합원에게서 종종 민원을 받기도 한다. 노측보다 사측에 가까운 인물들로 판단하여 우리 노조 지부의 규정을 작성할 때 가입 자격이 없는 것으로 정해 두었다.

항의 메일을 보낸 것은 어학당에서 교안회의를 폐지했기 때문이다. 매일 강의가 시작하기 이십

분 전에 강사들은 그날 수업할 내용에 대해 회의를 해야 했다. 회의 참석이 강제되었으므로 업무 지시로 판단하여 노조에선 임금 지급을 요구했고, 학교 측은 강제성이 없었다고 주장했다. 그간 교안회의에 참석하라고 압박을 받아 왔던 조합원들은 분통을 터뜨렸다. 동시에 학교는 교안회의를 앞으로 하지 않겠다고 밝혔다.

노조는 수업의 질을 위해 교안회의가 필요하니 임금을 지급하고 현행 유지하도록 요구했고, 학교는 노조 탓에 교안회의가 사라져서 교육의 질이 떨어졌다고 말한다. 나는 우리가 같은 언어를 사용하고 있는지 모르겠다.

한국어 교육 노동자로서 조합원들은 학교가 수업의 질을 위해 교안회의를 실시한다더니 돈을 아끼기 위해 교안회의를 포기한다는 점이 잘 받아들여지지 않는다. 그리고 중간관리자로서 전임강사들이 교육의 가치를 지키기 위해 학교에 맞서지 않는다는 점이 받아들여지지 않는다. 지부 계정으로 전임강사들에게 분명한 입장 표명을 요구하는 메일을 보내기로 했다.

메일을 보낸 후 오전 열 시쯤 전임강사 J의 사무실에 들렀다. 메일을 읽었는지, 어떻게 느꼈는지 궁금했기 때문이다. J는 나를 보자마자 화를 내기 시작했다. 지금 사상 검증 하겠다는 겁니까. 저는 조합원은 아니지만 노동조합에 대해 긍정적으로 생각해 왔고 죄송하다고 느꼈는데, 이렇게 공격적으로 나와야 합니까. 저는 너무 불쾌합니다.

나는 J에게 대답한다. 저는 전임강사들의 입장이 전혀 궁금하지 않습니다. 우리 지부가 맞서야 할 사람은 중간관리자가 아니라 어학당의 원장 그리고 고용주인 연세대학교 총장이니까요. 그래서 조합원들께서 전임강사들을 너무 큰 존재로 여기실까 염려스러울 정도입니다. 정말이지 저는 J의 의견에 관심이 없어요. 그런데 조합원들께서 군이 이렇게 교육자로서의 입장 표명을 요구하는 건 J에게 최소한의 기대와 애정, 신뢰가 있기 때문 아니겠어요. 그걸 개인에 대한 공격으로 받아들이시나요.

그럼 어쩌라는 건가요.

별거 없어요. 그냥 A4 용지에 J의 의견을 적어서 문 앞에 붙여 놓으시기만 해도 충분합니다.


노동조합의 입장 표명 요구에 대해 찬성이든 반대이든 호응한 중간관리자는 아무도 없었다.

# 4부        2022년

# 2022년 1월 6일

교섭위원들과 단체교섭을 마치고 학교 앞 식당에서 저녁을 먹었다.

대화는 흐르고 흐르다가 각자의 반려동물 이야기로 흘러갔다. 먼저 떠나보낸 반려동물과 그로 인해 깊이 슬펐던 날들, 슬픔을 안고 출근해 수업하던 날들에 대해. 나는 강아지도, 고양이도 키운 적이 없어서 사람들 이야기를 가만히 듣다가, 반려동물 경조휴가를 단체협약 요구안에 넣어 봅시다, 하고 제안한다.

그게 가능할까요. 그럼요, 안 될 것 없어요. 우리가 일하고 싶은 직장은 어떤 곳인지를 자유롭게 상상해 보는 경험이 소중하다고 생각했다. 그 상상을 제한할 필요는 전혀 없다. 이런 순간에 나는 조

금 행복해지고, 우리가 이룬 승리의 징표라고 생각
한다.[13]

13    반려동물 경조휴가를 제공하는 직장은 한국에서 러쉬코리아가
      유일하다. 그만큼 희귀한 일이다. 조합원들 중에도 훗날 사무실
      로 찾아와 "지부장님, 이거 농담이지요?"라고 묻는 이들이 있어
      "아닌데요."라고 답했다.
      결과적으로 반려동물 경조휴가는 달성하지 못한 목표로 남아있
      다. 노동위원회 조정회의에서 반려동물 경조휴가는 결국 후순
      위 안건으로 밀려났다. 그날 나는 "지부장님, 반려동물 경조휴
      가는 포기할 수 있는 협상카드로 생각해 오셨던 건가요."라는
      말을 들었다. 이 말을 생각하면 아직 아프다.

# 2022년 1월 13일

행정실 업무가 강사들에게 넘겨지는 일이 반복되어 팀장을 만나 항의했다. 이번에는 코로나 확진자의 동선 파악 업무. 노사 합의에 따라 행정 업무는 행정실에서 전담해야 하고, 행정실에선 해당 업무의 담당자도 이미 배정되어 있었다. 각 급에서 해당 업무를 강사에게 지시할 경우에 지부에 제보해 달라고 했다.

학생 관리 업무를 강사들이 수행하는 경우가 있는데, 처음에는 호의에 의해 시작되었으나 시간이 지날수록 강사들의 당연한 업무로 변해 갔다. 강의 이외의 숱한 업무가 무급으로 행해지는 현실에선 행정 업무를 줄여 가는 것도 노조의 일이다.

인상적인 건 노조가 행정 업무를 거부하고 행

정실이 일을 맡으면서 구글독스가 활용되기 시작하는 등 절차의 효율성이 증가했다는 점. 그동안은 타인의 무급 노동을 부릴 수 있으니 굳이 효율성을 고민할 필요가 없었던 것이다. 그러니 노조가 잘 싸울수록 업무의 효율성이 증가하는 셈이다.

단체교섭 개시를 요구하는 공문을 학교에 보냈다. 임금교섭 개시는 작년 11월에 이미 요구했지만 아직 진전된 바가 없으니 두 개의 교섭을 동시에 진행할 것이다.

내 임기 중 두번째 교섭이다.

처음에 지부장이 되었을 적엔 두 가지 목표가 있었다. 하나는 임기 동안 건강하고 행복하게 잘 지내서 걱정을 끼치지 않고, 오히려 부러움을 사서 차기 지부장 선거는 경선으로 치르는 것이다. 다른 하나는 최초의 단체임금협약을 마무리 짓는 것이다. 첫째 목표는 두고 봐야 할 일이고, 둘째 목표는 이미 달성했으니 이제부터는 덤으로 주어진 성과라고 여겨진다.

구체적인 투쟁의 내용은 백지 상태라는 점이 나의 장점이자 단점이다. 급여를 얼마나 올리겠다든지, 어떤 복지 제도를 반드시 쟁취하겠다든지, 파업을 해 보겠다든지 하는 목표가 출발 시점의 나에겐 없었다. 백지로 남겨 둔 부분에 뭔가를 채워 가야 할 때, 그럴 때는 그때그때의 판단에 따라 흘러갔다.

이번 교섭에선 어떨지. 일단 단체교섭이 얼마나 중요한지는 조합원 모두 인지했고, 심지어 비조합원들조차 노조가 잘되어 교섭에 성과를 거두기를 응원한다. 더운 날씨 속에서 교내 선전전도 벌였고, 집행부도 조직 관리의 경험을 쌓았다. 역량이 자랐으니 더 강하게 싸울 수 있을 것이다,

# 2022년 1월 27일

지부 사무실 책상 위에는 대학노조 여성위원회에서 책 읽기 사업의 일환으로 보내 준 책들이 쌓여 있다. 신청한 조합원들은 자유롭게 찾아가서 읽으면 된다. 아직 남아 있는 책 중에 『전태일 평전』이 있다.

최근 신세계 이마트는 직장에서 『전태일 평전』이 발견되자 대책회의를 열어 감시 카메라를 돌려 보면서 '불온서적'의 주인을 색출하려고 했고, 수습 직원과 퇴사 직원을 사찰했고, '일이 힘들다'라는 메시지를 남긴 수습 직원은 채용 탈락시켰고 노조 위원장을 모욕하여 충돌을 유발한 후에 그 장면을 촬영하도록 지시했다. 입이 거친 직원들을 선별한 후에 협박성 단어는 피하되 최대한 모욕감을 주기 위해 "자극할 수 있는 모든 단어를 사용"하라고 교육했는데, 예를 들어 "너 사원들 이용해서 출세하려는 거, 학생회장 되겠다는 니 딸은 아냐?" "월급 적다는 놈이 맨날 파마하냐?" "휴직하더니 살쪘네?" 등이 있었다.

신세계 이마트의 정용진 부회장은 공산당을 비난하면서 "직접 위협을 당하고 손해를 보는" "사업가로서" 느끼는 당연한 불안감을 표현했을 뿐이라고 했다. 나도 마찬가지로, 『전태일 평전』을 갖고 있는 노조 대표자로 활동하는 사람으로서, 정용진 같은 인물이 활개 치는 현실에 대해 위협을 느낀다. 그러니 그의 마음을 이해할 수 있다. 다만 자신의 적을 닮아 가는 모습이 아이러니하다고나 할까.

# 2022년 2월 18일

조합원 H의 면담 요청이 있어서 만났다.

5월 말이면 지부장 임기가 끝난다. H는 나에게 후임으로 생각해 둔 사람이 있는지 물었다. 없습니다, 조합원들이 자유롭게 선택하셔야지요. H는 다시 묻는다. 그럼 연임하실 생각이신가요. 아니요, 없습니다. 지부장은 많을수록 좋습니다. 최대한 다양한 사람들이 경험해야지요.

누가 그 자리를 맡겠습니까, 아무도 안 나설 겁니다. 그럼 어떡합니까. 비상대책위원회 체제로 전환되겠지요. 교섭위원으로는 계속 들어갈 작정입니다. 교섭은 지속될 거예요.

논쟁이 이어진다. 우리 중에서 지금 지부장 자리를 제일 잘 수행해 줄 사람이 최 선생님 아닙니까. 그동안 우리한테 섭섭한 게 있었습니까. 아니요, 없습니다. H는 깊은 한숨을 쉰다. 최 선생님, 좀 무책임하다고 생각하지 않습니까. 그렇게 생각하셨다면 죄송합니다.

지금 우리의 생각은 좁혀지지 않을 것이다. 앞으로는 모를 일이다. 다만 무책임하다는 비난은 오랫동안 가슴에서 지워지지 않을 거라고 생각했다.

# 2022년 2월 18일

세브란스 병원 농성장에서 밤을 새우기로 했다.

공공운수노조 세브란스병원 분회는 2021년 11월부터 병원 앞에 천막을 치고 농성을 벌였다. 세브란스 병원은 용역업체의 손을 빌려 조합원들의 노조 탈퇴를 압박하고, 노동자들이 서로 갈등하도록 작전을 짜고 실제로 이행했다. 노조 출범식 날엔 조합원들을 가둬 놓기도 했고, 임금체불 혐의도 있다. 법이 잘 지켜진다면 추운 겨울을 길바닥에서 보내지 않으셔도 괜찮았을 텐데.

오늘 하루는 댁에 가서 주무시라고 오늘은 어학당 지부에서 하룻밤 천막을 지키기로 한다. 이전에 집행부 간부들이 응원 방문을 오기도 했다. 오늘은 저녁부터 집행부 간부들이 와서 같이 시간을 보냈다. 학생언론 기자가 와서 인터뷰도 하고, 세브란스 분회와 어학당 지부의 현안을 서로 공유하기도 한다. 투쟁이 이어질수록 점점 더 많은 사람들의 손이 필요하다고 느낀다.

집행부 간부들이 하나하나 자리를 뜨고 C가 혼자 남아서 나와 함께 농성장을 지키기로 한다. 잊을 만하면 누군가 농성장에 들러 핫팩과 소주를 갖다 놓았다. 간밤에 많이 추우실 거라면서. C와 나는 추위를 잊기 위해 술도 마시고, 커피도 잔뜩 마셨다. C에게 왜 집에 가지 않았느냐고 물으니 "의리가 있지요. 어떻게 지부장님 혼자 내버려 둡니까."라고 답하셨다. 고마웠다.

# 2022년 2월 25일

S는 '가깝다'는 심정이 드는 대학노조의 유일한 지부장이다. 그를 처음 만난 것은 전국대학노조 대의원회의에서였다. 낯선 분위기에 아직 적응하지 못해 뒷자리에 혼자 앉아 있을 때, 멀리 혼자 앉아 있는 마찬가지 처지의 S를 보았다. 대의원회를 마치고 다들 저녁 식사를 하러 가는데 느린 걸음으로 천천히 이동하다 보니 식당에 자리가 없었다. 그 핑계로 그만 집으로 돌아갈 작정이었는데 S가 다가왔다. 연세대 어학당 지부장님 맞나요. 네, 그렇습니다. 괜찮으시면 같이 한잔하시겠요. 그렇게 우리 둘만 따로 자리를 옮겼다.

　그는 지부장이 된 지 십 개월이 지났다고 했다. 그의 직장에선 비정규직 직원들을 정규직으로 전환하기 위한 투쟁 과정에서 노동조합이 생겨났다. 비정규직과 정규직 직원 모두가 노동조합에 가입했으나 아무래도 사안의 당사자가 아닌 정규직 직원들은 투쟁에 소극적이었다. 사측은 비정규직이 정규직으로 전환되면 급여가 정규직보다 많아질 거라며 내부 분열을 유도했다. 초대 지부장은 정규직 직원들을 설득해 가면서 투쟁을 이끌었고, 마침내 비정규직 직원들의 정규직 전환을 달성했다.

애초부터 정규직 직원이었던 S가 지부장으로 나섰던 것은 당시 비정규직 직원들의 투쟁에 소극적으로 동참했던 미안함 때문이었다. 비정규직 직원들이 정규직으로 전환된 후에도 사내에선 서로의 '출신'을 의식하는 분위기가 사라지지 않았고, 서로가 서로를 미워할 만한 핑계는 숱하게 많았다. S는 이 분위기를 넘어서고 싶었으나 결과적으로는 양쪽 모두로부터 미움을 살 뿐이었다.

S가 일하는 직장의 직원들은 모두 학교와 독립된 법인에 고용된 상태였는데 한동안 학교 법인의 직접 고용이 최대 화두였다. 요컨대 학교 직원과 동일한 고용 형태를 적용해 달라는 조합원들의 요구였고 S는 이런 요구를 스스로 납득하지 못했다.

비정규직 직원이 정규직화한 후에도 비정규직이었던 직원들에 대한 차별은 달라질 게 없었습니다. 그러니 우리가 학교 정직원이 되고 나면 그때는 우리가 차별의 피해자가 될 텐데요. 저는 이런 상황이 잘 받아들여지지 않습니다. 나는 S의 태도가 지나치게 순정하다고 생각했고, 그래서 소중하게 여겨졌으나 다만 그가 괴로워하는 것이 안타까웠다.

그는 심리 상담을 받기 시작했다. 탈모도 심해졌다. 보다 못해 대학노조 간부 R에게 지부장들을 위한 심리 상담 프로그램을 만들어 달라고 제안했지만 그는 이게 다 코로나 때문에 같이 술을 못 마셔서 그런 거라고 답했다. 이 간극이 아득해서 어떻게 좁혀야 할지 모르겠다.

엊그제는 S의 생일이었다. 그는 두 달 전에 퇴사했고, 사람들과의 모든 연락을 끊어 버렸다. 연락을 받지 않아 기프티콘으로 생일 선물을 보냈는데 답은 오지 않았다. 그는 고향에 가서 살고 싶다고 했다. 어머니께서 요양원을 운영하시는데 그곳에 가서 어머니를 도우며 살고 싶다고 했다. 부디 뜻대로 살아가셨으면.

## 2022년 3월 1일

노조 사무실에 귀한 손님들이 왔다. 연세대학교의 비정규직 문제 해결을 위해 애쓰는 학생들이 있는데 그동안 우리 투쟁에 적극적으로 함께해 주셨다. 당사자가 아닌 투쟁에 기꺼이 공감하고 연대하는 한 사람을 찾기가 어찌나 힘든지를 날마다 느끼는데, 이 학생들은 집회에도 와 주고 학내 곳곳에 대자보를 붙이는 일에도 손을 빌려 주었다.

이제 졸업해서 학교를 떠나는 학생들이 있다고 했다. 그래서 작별 인사도 할 겸 노조 사무실을 찾은 것이다. 뭐라도 주고 싶다 싶어서 직접 만든 컵받침 열 개를 가져와 학생들에게 나눠 주었다. 학생들도 선물을 갖다주었다. J는 "한국어학당 지부가 아사히 글라스처럼 세상을 바꾸는 들꽃이 되기를 바랍니다."라고 적어 책을 선물해 주었다. J는 카메라와 녹음기를 들고 투쟁 현장 곳곳을 다니면서 영상 콘텐츠를 제작해서 우리 소식을 널리 알려 주었다. 책에 적힌 J의 필적은 마치 길 위에서 적은 것 같아 다정하면서도 용감하다고 생각했다. K는 로스쿨에 가서 법 공부를 깊이 할 작정이고, M은 노동자의 건강권 문제를 연구하고 싶어한다.

행운을 빌어 주는, 축복하는 마음이 실제로 작용한다면 얼마나 좋을까.

# 2022년 3월 8일

여성의 날 행진에 참여하기 위해 대학로에 간다. 노동조합 활동을 하지만 노동 문제에만 나서지 않는다. 성차별, 기후위기, 역사 왜곡 등등 갖가지 이슈가 있을 때 민주노총에서는 집회 소식을 알리고 참여를 요청한다. 이 점이 노동조합 활동의 미덕이다. 연결감이 확장되는 경험. 내 주장을 목소리 높여 내세우기 전에 남들이 뭐라 하는지에 귀 기울이고, 남들의 주장에 내 목소리를 얹어 주는 경험.

행진하는 동안 쿠팡물류센터 노동자를 만났다. 그가 입은 조끼에는 '냉장수당 지급'이라고 적혀 있다. 행진 도중 휴식 시간에 곁에 앉아 냉장수당이 뭔가요, 물었다. 쿠팡물류센터에는 냉동챔버가 있습니다. 영하 이십 도를 유지하지요. 그 안에서 일하다 보면 동상에 걸리는 건 다반사이고, 눈을 깜빡일 때마다 눈썹에 달린 고드름이 눈알을 찔러 상처를 냅니다. 아무래도 다들 기피하는 일이에요. 그러니 수당이라도 달라는 겁니다. 그렇군요. 이렇게 배운다.

행진을 마치고 돌아오는 길에 K 실장과 여성의 날에 대해, 그리고 물류센터 노동자와의 대화에 대해 이야기 나눴다. K에게 물었다. 실장님에겐 투쟁을 지속하게 하는 동력이 뭔가요, 성과를 확신할 수 없는 일에 대해. K는 대답했다. 네, 맞아요. 우리는 수십 년이 걸려야 겨우 눈에 띌지도 모를 변화를 만들어 가고 있습니다. 그의 말투엔 나에게 없는 희망이 있어서 부끄러웠다.

# 2022년 4월 14일

노동위원회 2차 조정이 있는 날이다. 오늘 노동위원회의 조정이 성립하지 않으면 우리 노동조합은 파업권을 갖는다. 핵심적인 쟁점은 임금의 정의와 인상폭, 유급 경조휴가, 휴직과 상여 신설 등이다. 이 중에서 임금의 정의와 인상 폭에 대해서는 양측 입장이 팽팽하다. 노측에선 지시에 의해 무급으로 행해지는 업무에 대해 임금 지급을 요구하고, 학교 측은 수용 불가 입장이다.

그간 학교 측이 보인 태도를 고려하면 오늘 조정 성립은 어려울 것이라고 생각한다. 당산역 근처 서울지방노동위원회의 대기실 한쪽 방에는 학교 측 인사들이 모여 있고, 한쪽 방에는 우리 어학당의 교섭위원들과 대학노조 지역본부 임원들이 모여 있는데, 아마 다들 조정 성립이 안 될 것이라고 짐작하는 듯 보였다. 결국 우리는 업계 최초로, 그리고 아마도 각자의 인생에서 처음으로 파업을 하게 될 것이다.

조정회의실에서 노사가 함께 모여 의논하고, 조정위원들이 노측과 사측을 따로따로 수차례 면담하지만 입장 차이가 좁혀지지 않는다. 조정위원들도 눈치챘을 것이다. 조정이 성사되지 않을 거라고. 나중에는 나와 본부 임원 두 사람만 따로 옆방에 불러서 조정을 시도하지만 안 될 일이다. 다만 노측 대기실로 돌아와 문을 열었을 때, 안에서 기다리던 교섭위원들이 동시에 내 얼굴을 바라보면서 무슨 말이 나올지 궁금해하는 표정을 바라보면 뭐라 말해야 할지 모르겠다. 누가 파업을 하고 싶어서 하겠는가. 임금 미지급 외에는 모든 것이 불투명해지는데. 교섭위원들도 각자의 장소에서 기다리고 있는 조합원들에게 조정 소식을 실시간으로 중계하고 있으니 메시지를 전달하는 마음이 가볍지 않기는 마찬가지다. 곁에선 본부 임원 누군가 정신 교육을 해야겠는지 파업 무용담을 늘어놓고, 누군가는 함께 마음이 무거워져서 가만히 침묵하고 있고, 누군가는 밤늦게까지 조정이 이어지자 식사가 걱정되어 몇몇을 데리고 밖으로 나간다. 그리고 속절없이 시간이 흘렀다.

　마지막으로 조정위원이 어학당 원장과 나와 본부 임원을 불러 타협의 의지가 없음을 확인한다. 원장님, 어리석은 결정을 하시는 거예요. 우린 파업을 할 거고, 그 손해는 더 클 겁니다. 원장도 난감하리라. 저도 알지만, 마음대로 할 수 있는 게 없습니다. 원장과 본부 임원을 먼저 내보낸 후에 조정위원이 나를 따로 남게 하더니 물 한 잔을 건네면서 말한다. 고생하시겠네요. 그러게 말입니다. 그는 한숨을 쉬면서 덧붙인다. 지부장님, 학교를 원수 삼지 마십시오. 이 말씀만 드리고 싶었습니다. 조언 감사합니다.

　바깥이 소란스러워 나가 보니 아까 식사하러 나갔던 본부 임원들이 돌아왔다. 식사를 하면서 술도 마시고 있었는데, 조정이 늦게 끝나 술자리에 합류하지 않으니 화가 난 모양이다. 언성이 높아졌고, 몸으로 사람들을 밀치고 있다. 어차피 안 될 텐데 뭐 하러 이렇게 시간을 끌어. 그냥 조정 안 된다, 파업해라, 그러면 되잖아. 노동위원회 조사관도 단단히 화가 났다. 나는 취한 임원을 몸으로 막아 세운다. 그를 다시 밖으로 내보내고 나서야 조금 조용해졌다. 조정위원은 나를 따로 불러 엄하게 경고한다. 그리고 본부 임원은 나를 불러 파업 전에 너희들 정신 교육을 시키신 것이다, 라고 말한다. 나는 수치스럽고 화가 난다.

조정 결렬을 선언했다. 밤 열 시, 우리는 조합원 단톡방에 소식을 전하고, 내일 긴급 총회가 열릴 것이라고 공지한다. 빠르게 결정해야 한다. 파업 찬반 투표를 할 것이고, 최대한 많은 조합원이 찬성할 수 있도록 설득해야 한다.

# 2022년 4월 27일

저녁에 불광동의 서울혁신센터 안에 위치한 대학 노조 사무실에 들렀다. 강의 이외의 업무 수행에 대해 임금 보상을 요구하는 진정을 제출했는데 이 건으로 B 노무사와 상담을 하기로 했다. 학교 측의 업무 지시 유무를 입증하는 자료, 노동시간 산출 내역, 금액 산정 내역 등 갖가지 자료를 출력해서 상담실을 찾았다. 그리고 노무사에게 한국어 강사의 업무, 학기 운영 방식을 차근차근 설명한다. 타 업종과 겹치는 부분이 많지 않은 탓에 매번 새롭게 설명을 시작해야 한다. 어학당은 1년 4학기제로 운영되므로 1년 2학기제인 보통의 대학 강사를 상정하고 대화하면 어느새 착각이 커져 가곤 한다. 다행히 B는 오랫동안 어학당의 자문 노무사로 활동한 덕에 이해가 깊은 편이지만, 그래도 원점에서 공유해야 할 사항들이 있고, 그럴 때 실망하거나 지쳐서는 일을 진행시킬 수 없다.

중요한 논의가 정리된 후에 B는 교섭의 진행 상황에 대해 묻는다. 교섭이 순조롭게 진행되는 일은 거의 없다. 노동청에 진정 넣을 준비를 하고 있다는 것 자체가 이미 교섭이 힘들다는 뜻이다. 학교 측은 강의 시간 이외의 업무에 대해서, 우리가 지시한 적 없으며 강사들이 자발적으로 일했을 뿐이니 임금을 지급할 필요가 없다, 라고 답한다. 어학당이 파행적으로 운영되지 않도록 개인 시간을 써 왔던 강사들은 학교 측 입장에 분노한다. 그러나 대화로 해결될 문제였다면 진작에 끝났을 것이다. 더구나 임금 미지급은 징역형이 가능한 형사상 범죄이므로 더욱 엄격한 근거 자료를 마련해야 하는데, 학교 측은 명확한 업무 지시 근거와 임금체불액 산정은 쉽지 않다고 여긴다. 그러면서 동시에 강제성이 있던 업무들을 조금씩 줄여서 불법의 소지를 줄여 나간다. 동시에 교육자로서의 책임을 운운하면서 무급 노동이 불가피하다고 운을 떼운다.

교섭 현장에서 얼마나 상식이 통하지 않는지를 경험하는 노동자는 우울과 절망에 잠식되기 십상이다. 이럴 때 나는 오히려 공격성을 드러내려고 애쓴다. 학교 측이 '저는 아무것도 모르는데요' 전략을 취한다면 나도 상대를 철저히 무시하기로 한다. 이 조항은 고평법을 기준으로 삼았는데요. 참, 고평법이라고 말씀드리면 못 알아들으시지요. 남녀고용평등법이랍니다. 지난 교섭 때 제가 동일노동 여부를 판단하는 기준을 가르쳐 드렸었는데, 혹시 공부해 오셨나요. 학교 측은 때로 발끈하고, 그러면 나는 조금 후련해졌다.

　노무사는 잠시 뜸을 들이다가 말한다. 조심스러운 말씀인데요. 저는 사측을 지나치게 궁지로 몰아세우지 않는 게 좋다고 생각합니다. 면박하는 것도 좋지 않다고 생각합니다. 당장은 그리하고 싶으시더라도. 그는 법률가로서 법률 해석과 적용에 대해 조언할 뿐 교섭과 투쟁에 대한 의견을 밝힌 적은 단 한 번도 없었으므로 나는 무척 놀랐다. 그 이유를 더 묻고 싶었지만 다른 사람들도 함께한 자리였으므로 묻지 않고 그저 생각에 잠긴다. 집으로 돌아온 후에도 그간 노동조합이 학교 측에게 당했던 수모들과 내가 학교 측에 되갚았던 복수들에 대해서 깊이 생각한다.

# 2022년 5월 9일

학생들의 메시지.

　— 일한 만큼 월급 받고 선생님들은 그 자격이 있습니다. 좋은 수업을 우리가 들을 수 있는 것은 수업 외에 선생님들이 꾸준히 준비를 하시고 연구하시니까 그렇다고 생각합니다. 그거 없으면 제가 한국어 실력을 여기까지 올릴 수 없었습니다. 좋은 대우를 받으시기 바랍니다!!!!

　— 선생님, 선생님은 항상 우리를 위해 열심히 일하셨습니다. 저는 진심으로 대학 측이 교사들이 일하는 것을 이해하고 그들의 문제를 인식하기를 바랍니다.

　— 당신은 좋은 선생님이고 좋은 보수를 받을 자격이 있어요. 당신이 원하는 것을 얻기를 바

랍니다.

— 우리는 압니다. ㅠㅠ 그들이 하는 일은 너무 불공평해요. 그들은 선생님들을 비난하고 또한 학생들이 걱정할 필요가 없다고 말합니다. 어떻게 우리가 걱정하지 않을 수 있을까요? 별거 아니라고 하는데 시험 일주일 전에 하는 건 용납할 수 없어요. 그것은 우리에게 많은 스트레스를 줍니다. 또한 좋은 평가 방법이 아닙니다.

— 선생님이 우는 걸 보니 마음이 아파요. 선생님의 마음은 매우 억울할 것입니다. 선생님은 수업을 열심히 하시고 우리에게도 잘해 주십니다. 우리는 선생님이 학교에서 더 잘 대접받기를 바랍니다. 선생님, 항상 응원할게요!

— 선생님 화이팅하세요!!♥ 우리가 선생님 항상 옆에 있어요. 선생님 멋있습니다. 잘 해결되길 바랍니다.

— 당황하지 않으셔도 되고, 저희가 함께하겠습니다. 저도 이메일을 보낼 테니 걱정하지 마세요. 이런 일을 겪으시다니 안타까워요. 저는 선생님 편이고, 선생님이 힘내시기를 바라요.

— Dear 선생님. Stay strong, keep fighting for the rights. We, students, loves you and support you. Changes will come soon.

　　—선생님들 더 생각해 주세요. 선생님들은 보물이에요.

　　—선생님, 미안해하지 마세요. 우리는 선생님 아주 사랑하고, 선생님 아주 열심히 일해요.

　　—미안하기는요. 선생님들의 잘못은 아니라는 사실을 우리 다 알고 있습니다. 그리고 선생님들이 참을 수 없는 상황도 쉽게 이해합니다. 선생님들이 피해를 받는 것을 저도 참을 수 없습니다.

　　—Teachers Deserve fair pay.

# 2022년 5월 10일

교섭장 앞에서 집회를 열었다. 조합원들이 나란히 서서 피켓을 들고 구호를 외치면서 교섭에 들어가는 노조 측 위원들을 응원했다. 학교 측 위원들에게 노조의 요구 사항을 전달하는 구호도 외쳤다.

조합원들은 내가 좋아하는 아이돌 노래를 틀어 주기도 했다. 나는 신나서 가볍게 춤을 추면서 교섭장에 들어갔다. 우리는 깔깔 웃으며 서로를 바라보았지만 실은 긴장을 풀고 싶었을 뿐이라는 걸 알고 있다.

# 2022년 5월 11일

다시 집회. 오전에 본관 앞에 모여 집회를 시작한 후에 교내 행진을 하고 점심을 먹는다. 햇살을 피해 나무가 우거진 청송대로 가서 투쟁 교육을 하고 다시 본관 앞에서 집회를 진행한 후에 어학당으로 돌아가 마무리 집회를 했다.

오늘은 대학노조 본조의 H 차장이 투쟁 교육을 해 주기로 했다. 행진 도중에는 메가폰을 한쪽 어깨에 걸치고 구호를 외치며 조합원들을 격려한다. 동지들! 우리는 서로를 '동지'라고 부르는 게 아직 낯선데, 그렇게 스스럼없이 외치는 것이 멋있기도 하고 사랑스럽기도 하고 그렇다.

나무 그늘 아래에서 둥글게 앉아 구호 외치는 법을 배우고 파업가와 투쟁가도 배운다. 대학노조 본조의 다른 직원들도 H를 바라보며 흐뭇하게 웃는다. 나는 우리 혼자 싸우는 게 아니라 다행이라고 진심으로 생각한다.

# 2022년 5월 14일

연세대 한국어학당 지부 집회 계획.

— 날짜 선정 이유: 내외빈이 참석하는 연세대 창립 137주년 기념식이 백주년기념관에서 열림

— 목적: 연세대학교 한국어학당의 교육이념은 죽었다는 것을 연세대 동문에게 알리고 교육을 바로잡을 수 있는 것은 강사뿐이라는 것을 알림

— 테마: 죽음, 슬픔, 검정

— 참석 인원: 조합원 전원(130명)

— 9:40~10:00 행사 준비: 집행부는 9시에 미우관 사무실 집결. 현수막 게시. 9시 40분까지 백주년기념관 앞으로 집결하도록 전 조합원에게 공지.

— 10:00~10:30 피케팅: 대오 정렬. 백주년기

넘관 입구 앞에서 양쪽 1열로 피케팅. 사무국장 진행. 대자보 및 발언문 낭독. 총장 입장 시의 혼란이 격해지지 않도록 관리.

　—10:30~11:30 연세대 교육이념 장례행렬: 백주년기념관에서 대오 정렬. 총장 공관을 향해 영정사진 들고 이동. 애도의 곡소리. 도중에 현수막 게시. 총장공관 정문과 후문에 붉은 리본 달기. 청송대에서 휴식. 연락이 오면 바로 대오 정렬하도록 유의. 총장공관 앞과 옆길에서 피케팅하고 구호 외치기.

　—11:30~12:00 총장공관: 그늘에 자리 잡고 휴식. 내외빈 이동 연락 오면 바로 대오 정렬. 장소 부족하면 도로 점거하지 않고 청송대 앞으로 이동.

　—12:00~12:50 연세대 교육이념 사망 선고 및 부활을 위한 전 조합원 집회: 대오 정렬(도로 공간 확인). 사무국장 진행으로 집회 시작. 개회 선언. 민중의례, 투쟁 경과 보고. 지부장 투쟁사. 대자보 낭독. 현장 발언 및 구호 제창. 학생 발언. 마무리 발언. 파업가 제창.

　—12:50~13:30 선전전: 오찬 마치고 돌아가는 내외빈 대상으로 피케팅 및 구호.

# 2022년 5월 15일

타 대학의 부지부장 L로부터 연락이 왔다. 18일날 파업 하신다는 말을 들었습니다, 어떻게 진행하시는지요. 도와드릴 일은, 저희 학생이 파업에 참여하겠다 했는데 어찌할까요. 어찌나 감사한지. 오전부터 오후까지의 투쟁 일정을 공유했다.

L은 지난달부터 우리 어학당 지부의 투쟁을 적극적으로 도와주었다. 집회에서 사용할 음원 파일들도 보내 주고, 투쟁 소식을 전하기 위한 카드 뉴스의 예시도 보내 주었다. 천막 치는 법도 알려 주었다. 집회 순서지 만드는 법, 시나리오 짜는 법도.

무엇보다도 감사한 건 L이 대학노조의 체계에 따르면 다른 조직에 속해 있는 분이라는 점. 군대에서 자기 휘하가 아닌 부대의 일에 간섭하기가 자칫하면 위계를 뒤흔드는 일이 되기 때문에 꺼려지는 것처럼, 아마 우리 지부의 일에도 곁에서 도움을 주기가 힘드셨으리라. 실제로 최대한 은밀하고 조심스럽게 도움을 주셨으니 깊이 감사했다.

투쟁의 승리라는 가치 앞에서 서로 최대한 연대하지 않고 조직 논리를 내세우는 것이 과연 정당한가, 하는 논쟁은 미뤄 두기로 한다.

# 2022년 5월 16일

파업 전에 의지를 다지기 위해 밤 아홉 시에 조합원들을 줌 회의실에 모았다.

우리는 앞서 파업 선언서를 작성하고 언어권별로 번역해서 학생들에게 배포했다. 날마다 학생들을 마주하며 정이 들었으니 난생처음으로 수업을 거부하기란 쉬운 일이 아니다. 최대한 학생들의 이해를 구해야 서로 마음이 가벼워질 것이다.

한편 조합원들도 학교로부터 연락을 받았다. 파업 기간에 강의할 사람이 없으니 혹시 추가 강의를 원한다면 자원해 달라는 내용이었다. 지부에서는 곧바로 지침을 내린다. 조합원은 반드시 파업에 동참하십시오. 학교의 설득과 회유에 응하는 것은 파업 파괴 행위로 동료들을 죽이는 일입니다.

회의 시간이 되고, 지부 임원들은 조합원들의 회의 참여를 독려하고 인원 수를 확인한다. 회의실에 들어온 조합원들의 얼굴에선 긴장과 불안이 보인다. 지부장이 급히 파업 취소를 선언하기를, 또는 파업 여부를 다시 한번 토론해 보기를 바라는 사람도 있다. 그러나 파업 여부는 이미 찬반 투표를 통해 결정된 일이다. 나는 두 가지만 확인할 것이다. 파업은 예정대로 진행한다, 집행부의 지시를 믿고 충실히 따라 달라.

조합원들의 얼굴에선 약간의 기대와 설렘도 보았던 것 같은데, 착각일지도 모르겠다.

# 2022년 5월 18일

학기 마지막 날이다. 예정대로 파업 집회를 열었다. 학교는 노동조합의 탓으로 학사 운영이 어려워졌다며 학생들 앞에서 우리에게 손가락질을 했지만 오히려 집회에 참여하겠다고 나서는 학생들이 있어 고마웠다.

학기 마지막 날에는 성적과 출결 업무를 처리해야 하는데, 강사들의 파업에 대응하기 위해 학교가 자의적으로 학생들의 성적과 출결을 조작하고 있다는 제보가 들어왔다. 학교는 이미 지난 기말에서 말하기 시험과 주관식 문제를 없애는 등 강사들의 파업 효과를 축소하기 위해 편법을 저질렀다. 이렇게까지 무리수를 두는 이유가 뭘까. 오히려 강사들의 업무가 필수적이라는 사실을 방증할 뿐인데. 이 사태에 대해서는 반드시 책임을 물을 기회가 있을 것이다.

우리는 오전 아홉 시 반에 본관 앞에 모였다. 아직 노조 조끼를 받지 못한 조합원들도 있으니 드레스코드를 흰색으로 맞췄다. 하필 비가 내려서 급하게 우비를 챙겼다. 민중의례를 하고, 이제 익숙해진 투쟁가도 부르고, 결의를 다지는 발언을 이어 간다.

집회 후에는 정문 앞으로 가서 기자회견을 열고 돌아온다. 집회 소식을 들은 학생들이 곳곳에서 합류하여 자기네 선생님과 인사를 나눈다. 더러 응원의 메시지를 적어 음료수를 건네기도 한다. 다행히 비가 그쳤다.

우리는 총무처장실로 가서 점거 농성을 했다. 복도에 줄지어 앉았다. 면담을 요청했으나 처장은 나타나지 않았다. 우리는 복도에서 노래를 부르고, 파업 소감을 발표하고, 노동 강의도 듣는다. 파업을 도우러 와 준 대학노조 상근자들과 이야기도 나눈다.

집회를 마치고 오후가 되어 조합원들에게 감사 인사를 드렸다. 모두들 감사합니다. 수업 거부 파업이라는 역사의 현장에 함께할 수 있어서 영광이었습니다. 파업 투쟁의 승패는 모든 조합원들이 끈질기게 모이는 데 달려 있습니다. 우리는 파업의 첫걸음을 성공적으로 내딛었습니다. 다 같이 구호에 맞춰 한 걸음 한 걸음 나아갑시다!

학내에서 열리는 집회가 학습권을 침해한다며 연세대 학생이 청소 경비 노동자들을 형사 고소했다는 뉴스가 보도되었다. 슬프다.[14]

14    이 사건은 2024년 2월에 학생들의 전체 패소로 판결 내려졌다.

# 2022년 5월 19일

수업 거부 두 번째 날이다. 오늘 오후에는 교환학생과정 수업이 있다. 정규과정에 비해 적은 조합원이 일하고 있지만, 어쨌든 파업 대상이다. 그러니 수업을 하는 대신에 조합원들이 모여 투쟁 용품도 만들고 서로 이야기도 나누기로 했다.

대학노조 본부 임원 S가 나를 소환했다. 오전에 다녀오고 오후엔 파업 현장을 지킬 작정이었는데 오후까지 시간을 비우라고 했다. 무슨 일인지 알 수 없었다.

S의 사무실에 갔더니 따뜻한 차를 내주었다. 그리고 말한다. 투쟁 기간에는 지부장이 잘 버텨줘야 해. 그러려면 가끔은 현장에서 나와서 바람도 쐬면서 재충전을 해야지. 그래야 오래 견뎌. 핸드

폰 받지 말고 오늘은 푹 쉬어. 우리는 사무실 근처의 산책로를 걸었다. 그늘진 산길을 걸으면서 노동조합 이외의 이야기들을 나눴다.

함께 점심을 먹은 후에 시내로 갔다. 그는 영화를 예매해 두었다고 했다. 상영 시간까지 시간이 남아 함께 카페에 갔다. 이야기를 나누는 동안 모순된 감정이 동시에 드는데, 한편으로 감사하지만 다른 한편으로는 불안했다. 학교에서 파업 중이신 조합원들은 잘들 계시는지. 인생 첫 파업이라 걱정이 많으실 텐데 지부장이 곁을 지켜야 하지 않았나. 모르겠다. 하지만 대학노조 본부 임원들과 원만한 관계를 유지하는 것도 중요하다. 현장 조합원과 본부 사이의 골을 메우는 것이 나의 과제라고 생각해서, 오늘도 그 일을 하는 것 같다.

영화를 보고 저녁 식사를 한 후에 집행부 임원의 보고를 받아 오늘 파업이 무사히 진행되었음을 확인했다. 그제야 부끄러움이 밀려왔다. 현장을 지켰어야 했다고 생각한다. 투쟁 과정에는 지휘 체계를 존중하는 것도 필요하지만 궁극적인 의사 결정은 현장 중심으로 이루어져야 한다. 한 선배가 조언한 적 있다. 답은 현장에 있어요. 그러니 저한테 배우려고 하지 마세요. 현장마다 제각각이니 저는 현장에 갈 때마다 새롭게 배웁니다.

　　오늘처럼 처신하다가는 현장과 괴리되고 노동
조합 간부들만의 집단 논리에 따라 움직이는 사람
이 되고 말 것이다. 내일 조합원들 얼굴을 보기가
창피하다.

## 2022년 5월 30일

조합원 일부가 탈퇴했다. 조합 단톡방에서도 나갔다. 학생들은 소중하고 수업을 포기할 수는 없다는 메시지를 남겼다. 투쟁 전선에서 이탈하겠다는 것이리라.

조합원 몇몇은 분노했고, 대부분은 말을 아꼈다. 모두가 상처를 입었다는 것은 분명하다. 사람들은 각자의 방에서 상처를 돌보면서 생각에 잠긴 것 같다. 나는 무얼 위해서 싸워 왔고, 앞으로는 무얼 위해서 싸워 갈지에 대해. 운이 좋으면 목적을 찾을지도 모른다. 나는 집행부에 연락해 이탈자의 수를 헤아리고, 투쟁을 멈출 정도의 수는 아니라고 판단해 안도했다. 조합원들이 불안해할지도 모르니 우리 지부는 계속 싸울 거라고 선언해야 한다.

# 2022년 6월 9일

지부장 임기가 끝나고 새 학기 첫 수업에 오랜만에 복귀했다. 교실에 들어가기 전부터 숨이 안 쉬어져서 힘들었다. 학생들 얼굴을 하나하나 돌아보는데 벅차기도 하고 갑갑하기도 해서 머리가 도무지 돌아가지 않았다. 임기가 끝나면 어깨가 가벼워지겠지 생각했는데 이젠 수업도 힘들고, 단체교섭과 노동청에 제기한 진정에 이르기까지 아직 하나도 제대로 끝난 것이 없다.

# 2022년 6월 16일

합정에서 형을 만났다. 아직까지 평양냉면을 먹어 본 적이 없다기에 같이 먹어 보자고 했다. 형과 단 둘이 식사한 지는 오 년도 더 지난 것 같다.

지부장 임기를 갓 마친 후, 그동안 소홀했던 주위 사람들을 만나 최대한 대접하기로 했다. 아버지, 어머니를 형이 곁에서 챙겨 준 덕분에 지부장 생활을 할 수 있었으리라.

미안하다고 했다. 고맙다고도 했다. 형은 됐다고 했다.

## 2022년 7월 26일

어학당 지부의 두 번째 임금단체협약이 체결되었다. 내 임기가 끝난 후에도 지부는 새로운 집행부와 함께 투쟁을 이어 왔고, 그게 무엇보다 기쁘다. 조합원들과 함께 학교 곳곳에 붙였던 게시물들을 철거하는 세리머니를 펼쳤다. 훌륭한 마무리였다.

# 2022년 10월 28일

광주에 갔다. 광주청년유니온에서 프리랜서 대중 강연 기획의 첫 순서로 초청해 주어서 강연하러 간 것이다.

역에 도착하니 마중을 나와 주셔서 함께 저녁 식사 장소로 이동했다. 국밥을 먹으면서 청년유니온 활동가들과 인사를 나누었다. 나는 광주에서 한국어 교육 노동자들이 어떻게 지내는지가 궁금했다. 서울과 그 바깥은 한국어 교육에 대한 수요가 크게 다르다. 외국인 노동력의 활동 영역도 서로 다르다. 그리고 서울 바깥의 한국어 교육 산업 동향은 서울 내 어학당의 미래를 보여 주는 것 같다. 그러니 서울 바깥의 일에 관심을 기울여야 한다.

강연장은 전일빌딩, 강연 주제는 '학교의 유령,

어학당 강사들……'이다. 나는 학교의 유령이라는 표현을 경희대에서 처음 만났다. 한국어 강사란 존재하지만 존재하지 않는 존재라는 뜻이다. 그러므로 존재에 이름을 부여하는 것을 투쟁의 첫걸음으로 삼았다.

나는 어학당 노동조합의 설립부터 투쟁과 그 결실에 이르기까지를 이야기했다. 이때 청중의 입장에서 걸림돌이 되는 건, 연세대 어학당 지부의 투쟁과 승리는 연세대이기 때문에 가능했다는 인식이다. 그러나 그 인식은 옳기도 하다. 한 사람이 질문했다. 노동조합이 생긴 건 연세대이니까 가능하다고 생각하지 않으세요. 일리 있는 말씀이고, 그러니 연세대 어학당 노동조합은 연세대 바깥에까지 연대하지 않는다면 귀족노조라는 비판을 받아 마땅하다.

강연 후에 인근 치맥집에 가서 이야기를 나눴다. 오늘은 내 생일이었는데 청년유니온에서 케이크를 준비해 주셔서 함께 케이크를 먹고 감사 인사를 나눴다. 나는 생일에 오히려 낯선 분들과 시간을 보내고 싶었다. 낯설지만 기꺼이 함께 시간을 보내고 싶은 분들과. 축하해 주셔서, 아, 참 다정하다, 생각했다. 케이크를 먹으면서 이야기를 듣는다.

어째서 노동 상담을 하기 시작했는지, 그리고 한국어 교육 노동을 시작했는지. 서울에선 진학이나 창업 목적의 한국어 학습자가 많은데 서울 밖에선 결혼 이주민 노동자와 농촌 노동자의 비중이 압도적이다. 이주민 가정의 자녀들에 대한 한국어 교육도 시급하다. 노동조합 활동을 하지 않았다면 아마도 몰랐겠지.

숙소로 돌아오는 길을 안내해 준 청년유니온 사람은 연극 배우였다. 그는 동료 배우가 무대에서 사고를 당하고서도 아무런 도움 없이 스스로 뒷감당을 해야 하는 상황을 보면서 현실의 부당함을 느꼈다. 그래서 연극 배우 같은 프리랜서들도 보호받을 수 있도록 애쓰고 있다. 이런 사람들이 있구나. 숙소에 잘 도착해서 인사하고 헤어졌다. 나는 숙소에 들어가지 않고 광주천 산책로를 좀 더 걸으면서 시간을 보냈다.

# 2022년 11월 11일

수업을 마치고 휴게실에 들렀다. 조합원 한 분이 멸 치볶음을 주고 싶은데 휴게실 냉장고에 넣어 두었 으니 챙겨 가라는 메시지를 보내셨기 때문이다. 이 시간에는 오후 수업을 준비하는 선생님들이 미리 휴게실에서 점심을 챙겨 먹곤 한다. 그래서 복작복 작할 때가 많은데, 나는 사람들 눈을 피하고 싶어서 휴게실을 멀리한다. 용건이 있을 때만 들른다.

휴게실에선 선생님 세 분이 식사 중이다. 그중 P가 나를 보더니 지부장님, 식사 안 하세요, 라며 인사를 건네셨다. 이야기를 나누다가 어느새 세 분 곁에 앉아 있었다. P는 내게 뭔가 할 말이 있는 눈 치였기 때문이다. 지부장 생활을 하면서 조합원들 을 만나다 보면 할 말이 있지만 선뜻 말을 꺼내지 못하는 사람들의 기색을 금세 알아볼 수 있다. 그리고 P의 말이라면 내가 귀담아들을 말일 것이다.

　P가 식사를 마치고 다른 두 분이 자리를 뜬 후에야 그는 입을 열었다. 지난주에 L 선생님이 저한테 질문을 하시더라고요, 우리가 맺은 단체협약안에서 뭐가 비조합원한테도 적용되냐고요. L은 비조합원이다. 그리고 노동조합이 맺은 단체협약의 혜택이 비조합원한테도 적용되는지 알고 싶었던 것이다. P는 비조합원인 L에게 차분히 설명해 주었다. 임금 인상분 있지요, 그건 비조합원에게도 적용됩니다. 비조합원 L은 흡족해하며 자리를 떴다. P는 나에게 물었다. 최 선생님, 저는 바보가 된 것 같았어요. L은 저에게 이렇게 물었던 게 아닐까요. 너는 왜 그 고생을 하고 있냐. 나는 조합비도 안 내고, 땡볕 아래에서 피켓도 안 들었는데, 혜택은 혜택대로 다 누리고 있다고.

　노동조합이 맺은 단체협약에는 '규범적 부분'이 있는데 임금액, 근로시간, 유급휴일, 유급휴가, 상여금 지급 등이 이에 해당한다. 그리고 규범적 부분은 비조합원들에게도 적용된다. 그러니 노동조합이 투쟁하여 임금을 인상하더라도 그 혜택은 비조합원들에게도 적용된다. 물론 단체협약이란

본질적으로 조합원에게만 적용되는 것이 기본이므로 비조합원은 배제되는 것이 일반적이다. 그러나 임금액이나 근로시간 같은 항목이 비조합원에게도 적용된다면 단체협약의 핵심적인 과실은 비조합원과 공유된다고 여겨지기 쉽다. 그러면 조합원들로선 손해를 본 심정이 된다.

P가, 저는 바보가 된 것 같았어요, 라고 말했던 것은 이런 사정이다. 조합비도 내고 피켓을 들어도 그런 투쟁의 결과는 그늘에 있던 비조합원들도 함께 누린다. 물론 이럴 땐 단체협약의 적용 범위를 오로지 우리 조합원으로만 한정하자, 라고 주장하는 수도 있다. 그러나 이런 말을 입에 담기엔 마음에 뭔가 걸리고 스스로가 부끄럽다. P는 비로소 묻는다. 최 선생님, 그분들도 시급이 오르시는 거 맞지요.

혼란스럽다. 노동운동을 할 때, 어째서 운동을 하는 사람들의 결실은 운동을 하지 않는 자들과 공유되어야 하는가가 나에게도 오랜 숙제다. 투쟁의 결과가 온전히 노동조합의 것으로 독차지되었다면 세상은 어떻게 되었을까. 우리는 모두 얼굴을 모르는 투쟁가들이 얻어 낸 결실의 혜택을 보고 있다. 그러나 투쟁가들은 투쟁하지 않는 자들에게 어리석다는 비난을 받고, 투쟁의 결실이 공유되지 않으면 투쟁한 자들은 부도덕하다고 비난을 받는다. 출구가 없어 보이는데, 이런 출구 없는 상황에서 수많은 사람들이 지금도 굳이 투쟁을 하는 이유는 뭘까.

나는 P에게 말했다. 임금 인상분은 비조합원들에게도 적용되는 게 법적으로 맞아요. 그러나 사측은 언제든지 비조합원에겐 적용하지 않겠다고 나설 수 있지요. 중요한 건 그런 부당한 순간에 기꺼이 싸울 것인지의 여부예요. 노동조합은 싸울 수 있습니다. 하지만 비조합원으로선 싸우기가 힘들 거예요. P는 대답이 없었다. 사실 나도 확신이 없다. 내가 말했던 그런 순간에 노동조합이 우리의 단체협약을 비조합원에게도 당연히 적용하십시오, 라고 요구할 수 있을까. 이런 투쟁은 너무 아득해 보인다.

# 2022년 11월 17일

교수님, 안녕하세요. 오랜만에 동문회에서 뵙게 되어 기뻤습니다.

시간은 많이 흘렀지만 정말이지 여전하시다고 생각했어요. 제자들이 잘되기를 바라시는 마음, 그리고 이 학교와 전통을 아끼고 사랑하는 마음 말입니다. 그 뜨거운 열정은 교수님을 처음 뵈었던 이십여 년 전과 똑같다고 생각했습니다.

제가 특별히 교수님께 품고 있는 감사함을 말씀드린 적이 있나요. 학위 논문 심사 때였습니다. 당시 제 논문은 부심 교수님들로부터 근본부터 비판을 받았습니다. 요컨대 '이런 연구가 무슨 소용이냐'라는 것이었지요. 한국어 교육 학계의 연구는 크게 언어와 교육을 중심으로 이루어진 반면, 제

논문은 외국인 학생들과 한국 사회의 심리적 거리감을 주제로 한 터라 실질적인 용도는 희미했어요.

논문 심사가 끝나고 단둘이 남았을 때 교수님은 주눅이 들었던 저에게 말씀하셨습니다. 나는 너의 연구 결과가 궁금하고 기대된단다. 실망하지도 말고 흔들리지도 마라. 세상에는 너 같은 연구를 하는 사람도 필요해. 그때의 말씀은 아직까지도 저에게 힘이 되고 있어요. 아무도 나를 변호해 주지 않는 것 같을 때마다 기억 속에서 꺼내서 그 온기를 느끼고 다시 기억 속으로 집어넣습니다.

수 년 후에 백양로 파리바게뜨에서 만나 저에게 박사 과정 진학을 제안하셨고, 저는 거절했지요. 당시만 해도 노동조합 활동을 하게 될 거라고는 생각하지 못했습니다. 다만 한국어를 가르치는 우리에게 시급한 과제는 더 많은 연구가 아니라 다른 무언가라고 느꼈어요. 그 무언가가 구체적으로 무엇인지는 알지 못했습니다.

노동조합을 설립하고 지부장 일을 맡았을 때 저는 교수님을 생각했습니다. 실제로 주위로부터 많은 이야기를 전해 들었어요. '착한 애가 어쩌다가 그런 일을 하게 되었다니……'라며 걱정하시더라는 이야기였습니다. 교수님의 지지와 격려를 얻고 싶은 마음과 교수님께 죄송스러운 마음이 뒤섞였어요. 다행히 교수님과 만나 학교 근처에서 식사를 했을 때, 교수님께서는 주위 사람들로부터 저를 안 만나는 게 좋을 거라는 충고를 듣는다고 하셨지요. 노동조합 일을 시작하면서부터 저는 '나쁜' 일을 하는 '위험한' 사람이 되어 버렸습니다. 그럼에도 저와 만나 주셔서 기뻤습니다.

교수님께도 고충이 있으셨으리라 생각해요. 한국어 선생님들은 교육 수준이 높고 대학 부설 어학당에서는 교수들이 보직을 맡는 경우가 많으니 결국 지도 교수가 곧 직장 상사이곤 하니까요. 다시 말해, 노동조합이 맞서 싸우는 직장 상사들의 일부는 교수님의 오랜 친구나 지인들이니까요. 교수님의 제자가 어학당에서 노동조합을 만들었다며 주위로부터 핀잔을 들으시는 일도 있었으리라 짐작했어요. 그럴 때면 무척 죄송스러웠습니다.

교수님, 오늘 동문회에서 모 어학당에 전임으로 취직한 제자를 소개하며 기뻐하셨던 것 기억하시나요. 제가 어학당에 취직했을 때도 눈물을 글썽이시면서 기뻐하시던 모습이 떠오릅니다. 그런데 말이에요, 그 모 어학당에서 신규 채용을 할 때 단기계약직으로 뽑지 않고 전임으로 뽑도록 그곳 어학당의 조합원들이 애썼던 걸 아시나요? 교수님의 제자가 전임으로 채용되는 데는 노동조합의 노력이 있었어요. 그리고 지금도 교수님의 제자들이 더 나은 환경에서 한국어를 가르칠 수 있도록 노동조합은 애쓰고 있습니다.

어쩌면 교수님과 저는 같은 노력을 하고 있는지도 모르겠어요. 한국어 선생님들이 일을 하다가 부족함을 느낄 때는 교수님의 가르침이 필요하고, 부당함을 느낄 때는 노동조합의 역할이 필요할 거예요. 해고 위험에 놓인 한국어 선생님들, 그리고 재계약을 무기로 부당 노동을 강요하는 기관 앞에서 한국어 선생님들, 나아가 외국인 학생들의 권리가 제대로 보호받고 있는지를 감시하는 역할까지 노동조합은 하고 있습니다.

교수님의 학맥을 잇지 않고 교수님이 못마땅하게 여기실 방향으로 걸어가는 제자를 헤아려 주세요. 저는 여전히 교수님께 감사하고 있습니다. 그리고 앞으로는 부디 교수님이 제자들에게 '노동조합이 있는 어학당에 취직하라'고 권하실 수 있었으면.

**2024년 6월 17일**

한국어를 가르치기 시작한 것은 이십 대 후반이던 2008년 5월이다. 노동조합 설립을 준비하기 시작한 것은 그로부터 11년 후인 2019년 2월, 그리고 노동조합 설립 총회는 같은 해 6월에 열렸다.

한국어를 각별히 사랑했다거나 한국을 세계에 알리고 싶다거나 하는 마음은 딱히 없었다. 나는 어려서부터 말을 심하게 더듬어서 사람들과 대화하는 일에 어려움을 겪었다. 하고 싶었던 말을 쉽사리 입 밖으로 낼 수 없었으므로 먼저 머릿속에서 문장으로 적어 보았고, 그중에서 발음하기 힘든 단어를 다른 단어로 교체한 후에야 비로소 문장을 발음했다. 모국어를 낯설어하는 마음, 자신을 적절히 표현할 언어가 없다는 마음을 느끼면서 지냈다. 그리고 모국어가 낯설게 여겨지는 이 감각 때문에 외국어로서의 한국어를 가르치고 싶었던 것 같다. 트라우마를 직업으로 삼은 셈이다.

　외국인에게 한국어를 가르치는 일은 한국인 학생에게 국어를 가르치는 일과 완전히 다르다. 한국인에게는 '필요한다' 같은 문장이 직관적으로 어색하지만, 외국인에게는 한국어에 대한 직관이 없다. 한국어 화자에게 자연스럽고 당연한 게 외국인 화자에게는 기이하게 여겨지곤 한다. '아침'이 시간대와 식사를 동시에 가리키고, "학원 끊었어요." 같은 문장이 중의적으로 해석되는 것이 한국인에게는 거슬릴 것 없으나 외국인에게는 당황스러울 수 있다. 한국어 선생은 '비빔밥'의 'ㅂ' 발음이 모두 제각각으로 들리는 학생을 상대하고, /으/와 /어/가 같은 소리라고 여기는 학생을 상대한다. 그러므로 한국어를 숨 쉬듯 사용하는 한국인 선생으로서 외국인 학생을 가르칠 때는 모국어를 낯설게 바라보는 일이 큰 과제다. 그리고 나는 이 일을 잘할 수 있다고 생각했다.

　외국인에게 한국어를 가르치려는 생각이 구체화한 것은 대학 졸업 무렵이었다. 노동조합 활동을 하는 동안에는 '정치의 발판으로 삼으려 한다'는 의심, 그리고 '학생 때부터 좌파 활동을 했다더라'는 소문이 있었다. 그러나 대학에서 보낸 사 년은 그저 조용했다. 노동운동에 관심이 없었고, 학생운동도 하지 않았다. 국어국문학을 전공했지만 국어학을 특별히 사랑했던 것도 아니어서 국어학과 현대문학, 고전문학 과목에 같은 학점을 배분해 이수했다. 대부분의 시간은 도서관에 죽치고 앉아 책을 읽으면서 보냈다. 어학연수나 해외 여행을 통해 외국인 친구를 잔뜩 사귄 것도 아니었다.

이 직업을 택한 2000년대 후반 무렵, 그리고 지금도 별반 다르지 않지만, 한국어 교육 업계는 한류에 취해 있었다. 한국어 교육 산업이 꼴을 갖춰 가기 시작한 것은 1960년대 무렵이다. 당시엔 주한미군과 선교사들을 중심으로 한국어 교육이 이루어졌다. 그러다가 70~80년대에 이르러서는 국가적 경제개발 과정에 필요한 전문직 직종의 외국인 산업 인력을 중심으로 한국어 교육의 무게추가 이동했고, 2000년대 이후로는 문화 산업 중심으로 한국어 교육이 이루어졌다. 생업과 무관하게 오로지 취향으로 한국어를 배우려는 외국인 학습자가 늘어났고, 이런 흐름에 발맞춰 정부에서도 2012년에 세종학당 재단을 설립해 한국어를 해외로 '보급'하겠다는 포부를 품었다.

　내가 한국어를 가르치기 시작한 2008년은 성장에 대한 설렘이 만연하던 시기였다. '한국어 교육 현장'은 교실을 가리키는 표현일 뿐 노동 현장을 가리키는 뜻으로는 사용되지 않았다. 아무도 한국어 교육 현장의 부조리를 주요한 이슈로 여기지 않았다. 한편 오랫동안 한국의 대학 교육은 고급 산업 인력을 보급해야 한다는 국가가 내 준 과제를 성실하게 수행하고 있었다. 그리고 대학을 졸업한 인력은 취업 걱정할 겨를도 없이 기업 곳곳에 채용되고 있었다. 다만 그 속도는 서서히 느려졌고, 내가 속했던 인문학부 졸업생들에겐 취업 걱정이 커져 가고 있었다. 그 무렵 폭발적으로 성장한 한국어 교육 업계는 문과대 졸업생들에게 새로운 취직 가능 영역이었다. 대기업 취업 전선, 또는 정통 국문학계의 엘리트 집단에 포함되지 않은 많은 이들이 한국어 교육 산업 현장에서 가능성을 찾았다.

　처음 한국어를 가르쳤던 것은 2008년의 성공회대 한국어학당이었다. 그곳에서 삼 년간 한국어를 가르쳤다. 아직 충분한 교육과 훈련을 받지 못한 내가 대학 어학당에 취직할 수 있었던 이유는 나의 성별 때문이라고 여자 동기가 말했다. 한국어 교육 업계는 남자 선생이 극히 희소한 시장이고, 하다 못해 듣기 시험 녹음할 때라도 남자가 필요하니 남자 선생 인력이 나오면 어학당에선 곧바로 데려간다는 것이었다. 동기의 말이 아마 사실일 거라고 어렴풋이 느꼈다.

당시에 일했던 성공회대는 인권과 평화의 대학으로서 노동운동을 비롯해 현실 참여에 앞장서는 곳으로 알려져 있다. 그렇다고 해서 한국어 교육 노동자의 노동권을 각별히 보호하는 꿈의 직장이었는가 하면 그렇지도 않았다. 당연한 일인 것이, 성공회대 어학당에서도 우리 강사들이 고용 안정이나 임금 인상 등을 조직적으로 요구해 본 일이 없었기 때문이다. 노동자가 요구하지 않는 권리를 고용주가 선제적으로 보장해 주는 일은 드물다. 더구나 외국인 유학생이 꾸준히 입국하던 시기여서 대체로 무난한 수입이 은행계좌에 찍혔으니 노동권 문제가 불거질 계기가 없었다. 다시 말해 여유로운 환경 속에서 사람들의 선의에 기대어 직장 생활을 할 수 있었던 것이다.

연세대 어학당으로 직장을 옮긴 것은 2011년이었다. 성공회대 어학당에서도 만족스러운 시간을 보냈지만 교육자로서 성장하기에는 아쉽다고 느꼈다. 규모가 큰 어학당에서 일하면 더 체계적이고 전문적인 형태의 언어 교육을 경험할 수 있으리라 기대했다. 이직 결정에는 경제적 요인도 작용했다. 지금도 마찬가지이지만 2010년 당시에는 특히나 한국어 교육 노동자에게 4대 보험을 적용하는 어학당이 드물었다. 유명 대학의 어학당에서도 계약서 없이 일을 시켰고, 학기가 끝나면 바로 일자리를 잃는 일이 다반사였다. 그런데 연세대 한국어학당은 4대 보험을 제공하는 몇 안 되는 기관 중 하나였다.

연세대 어학당으로 이직을 결정할 무렵에는 은사들에게 상담을 요청했다. 국어학 전공 수업을 가르쳤던 학부 교수들이었는데 대체로 환영하고 격려했다. 대부분은 잊혔지만 어떤 말은 오래 기억에 남는다. 나중에 연세대 어학당에서 직장 상사로 만나기도 한 J는 이런 말을 들려줬다. 최 선생, 결혼도 해야 하잖아. 그런데 한국어 가르치는 일을 하면 남자가 가장 노릇을 못해. 하지만 우리 어학당은 남자 선생한테 수업을 많이 챙겨 주니까 너무 걱정하지 마.

남자가 집안의 가장이며 더 많은 수입을 벌어야 마땅하다는 생각, 그러니 남자 강사라는 이유로 더 많은 수업을 배정받아 더 많은 수입을 얻게 되는 구조가 당연하게 전제되는 대화에서 당시에는 뭐라 반응할지 알지 못했다. J는 호의를 담아서 내뱉었고, 나는 그 호의에 담긴 부조리함을 명쾌하게 구분해 내지 못했다. 그는 이후로도 강의를 배정하는 권력을 통해 남성에게 특혜를 베푸는 방식으로 '선의'를 실천하고자 한다.

나는 한국어 교육 현장의 부조리에 저항하는 사람이었을까. 대학생 시절도 그랬고, 직장을 구하던 무렵에도 역시 업계의 부조리에는 무관심하던 사람이라고 할 수 있다. 구체적인 의지나 정의감 없이 흘러가는 대로 살아왔을 것이다. 어학당의 임금 수준에 불만을 갖던 입사 동기들과 점심을 먹는 동안에도 가만히 귀만 열고 밥숟가락을 들었다. 분명 어학당에 문제는 산적해 있었다. 무보수로 강제되던 교육자료 개발이나 데이터 입력, 자료 편집 등의 업무는 강사 자신의 교육 역량 개발에도 도움이 될 거라며 정당화되었고, 그 과정에서 어학당이 스스로 강사들을 재교육할 책임이 사라졌다. 외국인 학생들에게 온전한 교육을 제공해야 한다는 어학당의 책임도 가벼워져 있었다. 나도 그런 환경에 무리 없이 녹아 있었다. 한국노동연구원의 연구 자료에 따르면, 사십 대 이상이며 교육 수준이 높은 남성 노동자일수록 '노동자가 부당한 대우를 받고 있다'는 인식이 낮은 것으로 나타난다. 내가 여기에 해당하는데 어쩌다가 여기까지 왔다.

노동운동을 시작하는 계기는 사람마다 각기 다르지만 지향하는 바는 대체로 같다. 지부장 시절에 선거 운동을 하러 지부 사무실을 방문한 민주노총 총연맹 선거의 후보자 A(학교 비정규직 노동자였다.)는 이렇게 밝혔다. "존엄함을 지키기 위해 노동운동을 합니다." 그리고 우리는 어떤 존엄함은 집단적으로만 지켜진다는 것을 알고 있다. 저 사람의 존엄함이 훼손되면 나의 존엄함도 훼손된다. 이 사실이 사람들을 연대하게 만든다.

사람들이 연대하기 시작하면 그 안에서 조직이 갖춰지고 각자가 나름의 역할을 맡게 된다. 그리고 조직의 대표자는 권한과 책임을 위임받아 의사 결정을 하게 된다. 그는 예전이라면 마주치지 않았을 법한 사람들과 지속적으로 만나서 설득하고 설득당하면서 살아갈 것이다. 그 과정에서 자신의 목표에 다가가기도 하고 멀어지기도 할 것이다. 우리는 이 과정을 정치라고도 부른다.